当代齐鲁文库·20世纪"乡村建设运动"文库

The Library of Contemporary Shandong

Selected Works of Rural Construction Campaign of the 20th Century

山东社会科学院　编纂

/15

陈序经　江恒源　著

乡村建设运动
农村改进的理论与实际

中国社会科学出版社

图书在版编目(CIP)数据

乡村建设运动 农村改进的理论与实际/陈序经,江恒源著.—北京:中国社会科学出版社,2019.10(2020.11重印)

(当代齐鲁文库.20世纪"乡村建设运动"文库)

ISBN 978-7-5203-5411-0

Ⅰ.①乡… Ⅱ.①陈…②江… Ⅲ.①农村改良运动—研究—中国—民国 Ⅳ.①F329.06

中国版本图书馆CIP数据核字(2019)第232741号

出 版 人	赵剑英
责任编辑	冯春凤
责任校对	张爱华
责任印制	张雪娇

出　　版	中国社会科学出版社
社　　址	北京鼓楼西大街甲158号
邮　　编	100720
网　　址	http://www.csspw.cn
发 行 部	010-84083685
门 市 部	010-84029450
经　　销	新华书店及其他书店

印刷装订	北京君升印刷有限公司
版　　次	2019年10月第1版
印　　次	2020年11月第2次印刷

开　　本	710×1000　1/16
印　　张	13
插　　页	2
字　　数	180千字
定　　价	78.00元

凡购买中国社会科学出版社图书,如有质量问题请与本社营销中心联系调换

电话:010-84083683

版权所有　侵权必究

《当代齐鲁文库》编纂说明

不忘初心、打造学术精品，是推进中国特色社会科学研究和新型智库建设的基础性工程。近年来，山东社会科学院以实施哲学社会科学创新工程为抓手，努力探索智库创新发展之路，不断凝练特色、铸就学术品牌、推出重大精品成果，大型丛书《当代齐鲁文库》就是其中之一。

《当代齐鲁文库》是山东社会科学院立足山东、面向全国、放眼世界倾力打造的齐鲁特色学术品牌。《当代齐鲁文库》由《山东社会科学院文库》《20世纪"乡村建设运动"文库》《中美学者邹平联合调查文库》《山东海外文库》《海外山东文库》等特色文库组成。其中，作为《当代齐鲁文库》之一的《山东社会科学院文库》，历时2年的编纂，已于2016年12月由中国社会科学出版社正式出版发行。《山东社会科学院文库》由34部44本著作组成，约2000万字，收录的内容为山东省社会科学优秀成果奖评选工作开展以来，山东社会科学院获得一等奖及以上奖项的精品成果，涉猎经济学、政治学、法学、哲学、社会学、文学、历史学等领域。该文库的成功出版，是山东社会科学院历代方家的才思凝结，是山东社会科学院智库建设水平、整体科研实力和学术成就的集中展示，一经推出，引起强烈的社会反响，并成为山东社会科学院推进学术创新的重要阵地、引导学风建设的重要航标和参与学术交流的重要桥梁。

以此为契机，作为《当代齐鲁文库》之二的山东社会科学院

"创新工程"重大项目《20世纪"乡村建设运动"文库》首批10卷12本著作约400万字，由中国社会科学出版社出版发行，并计划陆续完成约100本著作的编纂出版。

党的十九大报告提出："实施乡村振兴战略，农业农村农民问题是关系国计民生的根本性问题，必须始终把解决好'三农'问题作为全党工作重中之重。"以史为鉴，置身于中国现代化的百年发展史，通过深入挖掘和研究历史上的乡村建设理论及社会实验，从中汲取仍具时代价值的经验教训，才能更好地理解和把握乡村振兴战略的战略意义、总体布局和实现路径。

20世纪前期，由知识分子主导的乡村建设实验曾影响到山东省的70余县和全国的不少地区。《20世纪"乡村建设运动"文库》旨在通过对从山东到全国的乡村建设珍贵历史文献资料大规模、系统化地挖掘、收集、整理和出版，为乡村振兴战略的实施提供历史借鉴，为"乡村建设运动"的学术研究提供资料支撑。当年一大批知识分子深入民间，投身于乡村建设实践，并通过长期的社会调查，对"百年大变局"中的乡村社会进行全面和系统地研究，留下的宝贵学术遗产，是我们认识传统中国社会的重要基础。虽然那个时代有许多的历史局限性，但是这种注重理论与实践相结合、俯下身子埋头苦干的精神，仍然值得今天的每一位哲学社会科学工作者传承和弘扬。

《20世纪"乡村建设运动"文库》在出版过程中，得到了社会各界尤其是乡村建设运动实践者后人的大力支持。中国社会科学院和中国社会科学出版社的领导对《20世纪"乡村建设运动"文库》给予了高度重视、热情帮助和大力支持，责任编辑冯春凤主任付出了辛勤努力，在此一并表示感谢。

在出版《20世纪"乡村建设运动"文库》的同时，山东社会科学院已经启动《当代齐鲁文库》之三《中美学者邹平联合调查文库》、之四《山东海外文库》、之五《海外山东文库》等特色文库的编纂工作。《当代齐鲁文库》的日臻完善，是山东社会科学院坚持问题导向、成果导向、精品导向，实施创新工程、激发科研活力结出的丰硕成果，是山东社会科学院国内一流新型智库建设不断实现突破的重要标志，也是党的领导下经济社会全面发展、哲学社会科学欣欣向荣繁荣昌盛的体现。由于规模宏大，《当代齐鲁文库》的完成需要一个过程，山东社会科学院会笃定恒心，继续大力推动文库的编纂出版，为进一步繁荣发展哲学社会科学贡献力量。

山东社会科学院

2018 年 11 月 17 日

编纂委员会

顾　　　问　徐经泽　梁培宽
主　　　任　李培林
编辑委员会　唐洲雁　张述存　王兴国　袁红英
　　　　　　韩建文　杨金卫　张少红
学术委员会　（按姓氏笔画排列）
　　　　　　王学典　叶　涛　刘显世　孙聚友
　　　　　　杜　福　李培林　李善峰　吴重庆
　　　　　　张　翼　张士闪　张凤莲　林聚任
　　　　　　杨善民　宣朝庆　徐秀丽　韩　锋
　　　　　　葛忠明　温铁军　潘家恩
总　主　编　唐洲雁　张述存
主　　　编　李善峰

总 序

从传统乡村社会向现代社会的转型，是世界各国现代化必然经历的历史发展过程。现代化的完成，通常是以实现工业化、城镇化为标志。英国是世界上第一个实现工业化的国家，这个过程从17世纪资产阶级革命算起经历了200多年时间，若从18世纪60年代工业革命算起则经历了100多年的时间。中国自近代以来肇始的工业化、城镇化转型和社会变革，屡遭挫折，步履维艰。乡村建设问题在过去一百多年中，也成为中国最为重要的、反复出现的发展议题。各种思想潮流、各种社会力量、各种政党社团群体，都围绕这个议题展开争论、碰撞、交锋，并在实践中形成不同取向的路径。

把农业、农村和农民问题置于近代以来的"大历史"中审视不难发现，今天的乡村振兴战略，是对一个多世纪以来中国最本质、最重要的发展议题的当代回应，是对解决"三农"问题历史经验的总结和升华，也是对农村发展历史困境的全面超越。它既是一个现实问题，也是一个历史问题。

2017年12月，习近平总书记在中央农村工作会议上的讲话指出，"新中国成立前，一些有识之士开展了乡村建设运动，比较有代表性的是梁漱溟先生搞的山东邹平试验，晏阳初先生搞的河北定县试验"。

"乡村建设运动"是20世纪上半期（1901到1949年间）在中国农村许多地方开展的一场声势浩大的、由知识精英倡导的乡村改良实践探索活动。它希望在维护现存社会制度和秩序的前提下，通过兴办教育、改良农业、流通金融、提倡合作、办理地方自治与自卫、建立公共卫生保健制度和移风易俗等措施，复兴日趋衰弱的农村经济，刷新中国政治，复兴中国文化，实现所谓的"民族再造"或"民族自救"。在政治倾向上，参与"乡村建设运动"的学者，多数是处于共产党与国民党之间的'中间派'，代表着一部分爱国知识分子对中国现代化建设道路的选择与探索。关于"乡村建设运动"的意义，梁漱溟、晏阳初等乡建派学者曾提的很高，认为这是近代以来，继太平天国运动、戊戌变法运动、辛亥革命运动、五四运动、北伐运动之后的第六次民族自救运动，甚至是"中国民族自救运动之最后觉悟"。[①] 实践证明，这个运动最终以失败告终，但也留下很多弥足珍贵的经验和教训。其留存的大量史料文献，也成为学术研究的宝库。

"乡村建设运动"最早可追溯到米迪刚等人在河北省定县翟城村进行"村治"实验示范，通过开展识字运动、公民教育和地方自治，实施一系列改造地方的举措，直接孕育了随后受到海内外广泛关注、由晏阳初及中华平民教育促进会所主持的"定县试验"。如果说这个起于传统良绅的地方自治与乡村"自救"实践是在村一级展开的，那么清末状元实业家张謇在其家乡南通则进行了引人注目的县一级的探索。

20世纪20年代，余庆棠、陶行知、黄炎培等提倡办学，南北各地闻风而动，纷纷从事"乡村教育""乡村改造""乡村建设"，以图实现改造中国的目的。20年代末30年代初，"乡村建设运动"蔚为社会思潮并聚合为社会运动，建构了多种理论与实践的乡村建设实验模式。据南京国民政府实业部的调查，当时全国从事乡村建设工作的团体和机构有600多个，先后设立的各种实验区达1000多处。其中比较著名的有梁漱溟的邹平实验区、陶行知的晓庄实验区、晏阳初的定县实验区、鼓禹廷的宛平实验区、黄炎培的昆山实

---

① 《梁漱溟全集》第五卷，山东人民出版社2005年版，第44页。

验区、卢作孚的北碚实验区、江苏省立教育学院的无锡实验区、齐鲁大学的龙山实验区、燕京大学的清河实验区等。梁漱溟、晏阳初、卢作孚、陶行知、黄炎培等一批名家及各自领导的社会团体，使"乡村建设运动"产生了广泛的国内外影响。费正清主编的《剑桥中华民国史》，曾专辟"乡村建设运动"一节，讨论民国时期这一波澜壮阔的社会运动，把当时的乡村建设实践分为西方影响型、本土型、平民型和军事型等六个类型。

1937年7月抗日战争全面爆发后，全国的"乡村建设运动"被迫中止，只有中华平民教育促进会的晏阳初坚持不懈，撤退到抗战的大后方，以重庆璧山为中心，建立了华西实验区，开展了长达10年的平民教育和乡村建设实验，直接影响了后来台湾地区的土地改革，以及菲律宾、加纳、哥伦比亚等国家的乡村改造运动。

"乡村建设运动"不仅在当事者看来"无疑地已经形成了今日社会运动的主潮"，[①] 在今天的研究者眼中，它也是中国农村社会发展史上一次十分重要的社会改造活动。尽管"乡村建设运动"的团体和机构，性质不一，情况复杂，诚如梁漱溟所言，"南北各地乡村运动者，各有各的来历，各有各的背景。有的是社会团体，有的是政府机关，有的是教育机关；其思想有的左倾，有的右倾，其主张有的如此，有的如彼"[②]。他们或注重农业技术传播，或致力于地方自治和政权建设，或着力于农民文化教育，或强调经济、政治、道德三者并举。但殊途同归，这些团体和机构都关心乡村，立志救济乡村，以转化传统乡村为现代乡村为目标进行社会"改造"，旨在为破败的中国农村寻一条出路。在实践层面，"乡村建设运动"的思想和理论通常与国家建设的战略、政策、措施密切

[①] 许莹涟、李竟西、段继李编述：《全国乡村建设运动概况》第一辑上册，山东乡村建设研究院1935年出版，编者"自叙"。

[②]《梁漱溟全集》第二卷，山东人民出版社2005年版，第582页。

相关。

在知识分子领导的"乡村建设运动"中，影响最大的当属梁漱溟主持的邹平乡村建设实验区和晏阳初主持的定县乡村建设实验区。梁漱溟和晏阳初在从事实际的乡村建设实验前，以及实验过程中，对当时中国社会所存在的问题及其出路都进行了理论探索，形成了比较系统的看法，成为乡村建设实验的理论根据。

梁漱溟曾是民国时期宪政运动的积极参加者和实践者。由于中国宪政运动的失败等原因，致使他对从前的政治主张逐渐产生怀疑，抱着"能替中华民族在政治上经济上开出一条路来"的志向，他开始研究和从事乡村建设的救国运动。在梁漱溟看来，中国原为乡村国家，以乡村为根基与主体，而发育成高度的乡村文明。中国这种乡村文明近代以来受到来自西洋都市文明的挑战。西洋文明逼迫中国往资本主义工商业路上走，然而除了乡村破坏外并未见都市的兴起，只见固有农业衰残而未见新工商业的发达。他的乡村建设运动思想和主张，源于他的哲学思想和对中国的特殊认识。在他看来，与西方"科学技术、团体组织"的社会结构不同，中国的社会结构是"伦理本位、职业分立"，不同于"从对方下手，改造客观境地以解决问题而得满足于外者"的西洋文化，也不同于"取消问题为问题之解决，以根本不生要求为最上之满足"的印度文化，中国文化是"反求诸己，调和融洽于我与对方之间，自适于这种境地为问题之解决而满足于内者"的"中庸"文化。中国问题的根源不在他处，而在"文化失调"，解决之道不是向西方学习，而是"认取自家精神，寻求自家的路走"。乡村建设的最高理想是社会和政治的伦理化，基本工作是建立和维持社会秩序，主要途径是乡村合作化和工业化，推进的手段是"软功夫"的教育工作。在梁漱溟看来，中国建设既不能走发展工商业之路，也不能走苏联的路，只能走乡村建设之路，即在中国传统文化基础上，吸收西方文化的长处，使中西文化得以融通，开创民族复兴的道路。他特别强调，"乡村建设，实非建设乡村，而意在整个中国社会之建设。"① 他将乡村建设提到建国的高度来认识，旨在为中国"重建一新社会组织构造"。他认为，救济乡村只是乡村建设的"第一层意义"，乡村建设的"真意义"在于创造一个新的社会结构，"今日中国问题在其千年相沿袭之社会组织构造既已崩溃，而新者未立；乡村建设运动，实为吾民族社会重建一新组织构造之运动。"② 只有理解和把握了这一点，才能理解和把握"乡村建设运动"的精神和意义。

晏阳初是中国著名的平民教育和乡村建设专家，1926年在河北定县开始乡村平民教育实验，1940－1949年在重庆歇马镇创办中国乡村建设育才院，后改名中国乡村建设学院并任院长，组织开展华西乡村建设实验，传播乡村建设理念。他认为，中国的乡村建设之所以重要，是因为乡村既是中国的经济基础，也是中国的政治基础，同时还是中国人的基础。"我们不愿安居太师椅上，空做误民的计划，才到农民生活里去找问题，去解决问题，抛下东洋眼镜、西洋眼镜、都市眼镜，换上一副农夫眼镜。"③ 乡村建设就是要通过长期的努力，去培养新的生命，振拔新的人格，促成新的团结，从根本上再造一个新的民族。为了实现民族再造和固本宁邦的长远目的，他在做了认真系统的调查研究后，认定中国农村最普遍的问题是农民中存在的"愚贫弱私"四大疾病；根治这四大疾病的良方，就是在乡村普遍进行"四大教育"，即文艺教育以治愚、生计教育以治贫、卫生教育以治弱、公民教育以治私，最终实现政治、教育、经济、自卫、卫生、礼俗"六大建设"。为了实现既定的目标，他坚持四大教育连锁并进，学校教育、社会教育、家庭教育统筹协调。他把定县当作一个"社会实验室"，通过开办平民学校、创建实验农场、建立各种合作组织、推行医疗卫生保健、传授

---

① 《梁漱溟全集》第二卷，山东人民出版社2005年版，第161页。
② 同上。
③ 《晏阳初全集》第一卷，天津教育出版社2013年版，第221页。

农业基本知识、改良动植物品种、倡办手工业和其他副业、建立和开展农民戏剧、演唱诗歌民谣等积极的活动,从整体上改变乡村面貌,从根本上重建民族精神。

可以说,"乡村建设运动"的出现,不仅是农村落后破败的现实促成的,也是知识界对农村重要性自觉体认的产物,两者的结合,导致了领域广阔、面貌多样、时间持久、影响深远的"乡村建设运动"。而在"乡村建设运动"的高峰时期,各地所开展的乡村建设事业历史有长有短,范围有大有小,工作有繁有易,动机不尽相同,都或多或少地受到了邹平实验区、定县实验区的影响。

20世纪前期中国的乡村建设,除了知识分子领导的"乡村建设运动",还有1927–1945年南京国民政府推行的农村复兴运动,以及1927–1949年中国共产党领导的革命根据地的乡村建设。

"农村复兴"思潮源起于20世纪二三十年代,大体上与国民政府推动的国民经济建设运动和由社会力量推动的"乡村建设运动"同时并起。南京国民政府为巩固政权,复兴农村,采取了一系列措施:一是先后颁行保甲制度、新县制等一系列地方行政制度,力图将国家政权延伸至乡村社会;二是在经济方面,先后颁布了多部涉农法律,新设多处涉农机构,以拯救处于崩溃边缘的农村经济;三是修建多项大型水利工程等,以改善农业生产环境。1933年5月,国民政府建立隶属于行政院的农村复兴委员会,发动"农村复兴运动"。随着"乡村建设运动"的开展,赞扬、支持、鼓励铺天而来,到几个中心实验区参观学习的人群应接不暇,平教会甚至需要刊登广告限定接待参观的时间,南京国民政府对乡建实验也给予了相当程度的肯定。1932年第二次全国内政工作会议后,建立县政实验县取得了合法性,官方还直接出面建立了江宁、兰溪两个实验县,并把邹平实验区、定县实验区纳入县政实验县。

1925年,成立已经四年的中国共产党,认识到农村对于中国革命的重要性,努力把农民动员成一股新的革命力量,遂发布《告农民书》,开始组织农会,发起农民运动。中国共产党认为中国农村问题的核心是土地问题,乡村的衰败是旧的反动统治剥削和压迫的结果,只有打碎旧的反动统治,农民才能获得真正的解放;必须发动农民进行土地革命,实现"耕者有其田",才能解放农村生产力。在地方乡绅和知识分子开展"乡村建设运动"的同时,中国共产党在中央苏区的江西、福建等农村革命根据地,开展了一系列政治、经济、文化等方面的乡村改造和建设运动。它以土地革命为核心,依靠占农村人口绝大多数的贫雇农,以组织合作社、恢复农业生产和发展经济为重要任务,以开办农民学校扫盲识字、开展群众性卫生运动、强健民众身体、改善公共卫生状况、提高妇女地位、改革陋俗文化和社会建设为保障。期间的尝试和举措满足了农民的根本需求,无论是在政治、经济上,还是社会地位上,贫苦农民都获得了翻身解放,因而得到了他们最坚决的支持、拥护和参与,为推进新中国农村建设积累了宝贵经验。与乡建派的乡村建设实践不同的是,中国共产党通过领导广大农民围绕土地所有制的革命性探索,走出了一条彻底改变乡村社会结构的乡村建设之路。中国共产党在农村进行的土地革命,也促使知识分子从不同方面反思中国乡村改良的不同道路。

"乡村建设运动"的理论和实践,说明在当时的现实条件下,改良主义在中国是根本行不通的。在当时国内外学界围绕乡村建设运动的理论和实践,既有高歌赞赏,也有尖锐批评。著名社会学家孙本文的评价,一般认为还算中肯:尽管有诸多不足,至少有两点"值得称述","第一,他们认定农村为我国社会的基本,欲从改进农村下手,以改进整个社会。此种立场,虽未必完全正确;但就我国目前状况言,农村人民占全国人口百分之七十五以上,农业为国民的主要职业;而农产不振,农村生活困苦,潜在表现足为整个社会进步的障碍。故改进农村,至少可为整个社会进步的张本。第二,他们确实在农村中不畏艰苦为农民谋福利。各地农村工作计划虽有优有劣,有完有缺,其效果虽有大有小;而工作人员确脚踏实地在改进农村的总目标下努力工作,其艰苦耐劳的精神,殊足令人起敬。"① 乡村建设学派的工作曾引起国际社会的重视，不少国家于二次世界大战后的乡村建设与社区重建中，注重借鉴中国乡村建设学派的一些具体做法。晏阳初1950年代以后应邀赴菲律宾、非洲及拉美国家介绍中国的乡村建设工作经验，并从事具体的指导工作。

总起来看，"乡村建设运动"在中国百年的乡村建设历史上具有承上启下、融汇中西的作用，它不仅继承自清末地方自治的政治逻辑，同时通过村治、乡治、乡村建设等诸多实践，为乡村振兴发展做了可贵的探索。同时，"乡村建设运动"是与当时的社会调查运动紧密联系在一起的，大批学贯中西的知识分子走出书斋、走出象牙塔，投身于对中国社会的认识和改造，对乡村建设进行认真而艰苦地研究，并从丰富的调查资料中提出了属于中国的"中国问题"，而不仅是解释由西方学者提出的"中国问题"或把西方的"问题"中国化，一些研究成果达到了那个时期所能达到的巅峰，甚至迄今难以超越。"乡村建设运动"有其独特的学术内涵与时代特征，是我们认识传统中国社会的一个窗口，也是我们今天在新的现实基础上发展中国社会科学不能忽视的学术遗产。

历史文献资料的收集、整理和利用是学术研究的基础，资料的突破往往能带来研究的创新和突破。20世纪前期的图书、期刊和报纸都有大量关于"乡村建设运动"的著作、介绍和研究，但目前还没有"乡村建设运动"的系统史料整理，目前已经出版的文献多为乡建人物、乡村教育、乡村合作等方面的"专题"，大量文献仍然散见于各种民国"老期刊"，尘封在各大图书馆的"特藏部"。本项目通过对"乡村建设运动"历史资料和研究资料的系统收集、整理和出版，力图再现那段久远的、但仍没有中断学术生命的历史。一方面为我国民国史、乡村建设史的研究提供第一手资料，推进对"乡村建设运动"的理论和实践的整体认识，催生出

---

① 孙本文：《现代中国社会问题》第三册，商务印书馆1944年版，第93－94页。

高水平的学术成果；另一方面，为当前我国各级政府在城乡一体化、新型城镇化、乡村教育的发展等提供参考和借鉴，为乡村振兴战略的实施做出应有的贡献。

由于大规模收集、挖掘、整理大型文献的经验不足，同时又受某些实际条件的限制，《20世纪"乡村建设运动"文库》会存在着各种问题和不足，我们期待着各界朋友们的批评指正。

是为序。

2018年11月30日于北京

编辑体例

一、《20世纪"乡村建设运动"文库》收录20世纪前期"乡村建设运动"的著作、论文、实验方案、研究报告等，以及迄今为止的相关研究成果。

二、收录文献以原刊或作者修订、校阅本为底本，参照其他刊本，以正其讹误。

三、收录文献有其不同的文字风格、语言习惯和时代特色，不按现行用法、写法和表现手法改动原文；原文专名如人名、地名、译名、术语等，尽量保持原貌，个别地方按通行的现代汉语和习惯稍作改动；作者笔误、排版错误等，则尽量予以订正。

四、收录文献，原文多为竖排繁体，均改为横排简体，以便阅读；原文无标点或断句处，视情况改为新式标点符号；原文因年代久远而字迹模糊或纸页残缺者，所缺文字用"□"表示，字数难以确定者，用（下缺）表示。

五、收录文献作为历史资料，基本保留了作品的原貌，个别文字做了技术处理。

编者说明

  1935年11月，生活书店出版了江恒源《农村改进的理论与实际》，收录了作者关于农村改进的文稿十三篇，既有关于农村改进的意义，原则等理论指导，又有关于农村改进的实际操作方法，并提供了一些具体的改进方案。1946年5月，上海大东书局出版了陈序经的《乡村建设运动》。该书以实地调查为基础，分析了中国乡村发展的方式和道路，对民国乡村建设理论进行了评论，并引发了一场关于文化、教育和乡村建设等问题的全国性学术讨论。本次编辑，将两书合为一卷，收入《20世纪"乡村建设运动"文库》。

乡村建设运动

陈序经　著

目 录

绪言 …………………………………………………（1）
第一章　乡村建设运动的史略 ……………………（4）
第二章　乡村建设运动的模式 ……………………（10）
第三章　乡村建设工作的观察 ……………………（17）
第四章　乡村建设理论的检讨 ……………………（24）
第五章　乡村建设组织的商榷 ……………………（31）
第六章　乡村建设方法的批评 ……………………（38）
第七章　乡村文化与都市文化 ……………………（45）
第八章　乡村建设运动的途径 ……………………（53）
附录一　关于"乡村建设运动的将来" ……………（59）
附录二　都市与抗战 ………………………………（65）

绪　　言

近年来，国人对于乡村建设，努力提倡，所以乡村建设这个名词，便成了一个很时髦的口号、乡村建设这种运动，便成了一种很普遍的运动。

在政府方面，行政院曾有农村复兴委员会，省政府有如山东乡村建设研究院，县政府有如武进农村改进委员会，市政府有如青岛乡区建设委员会；在私人团体方面，有如中华职业教育社在徐公桥，与中华平民教育促进会在定县，在大学方面，有如燕京大学在清河，金陵大学在乌江，齐鲁大学在龙山，中法大学在温泉；或置农场，或设试验区，或努力推进这种运动。此外又如华洋义赈会及上海银行等的农村合作工作，也可以说是乡村建设工作的一种。民国二十三年乡村工作讨论会在定县开会，参加的团体有七十多个。还有好多团体如在广东广西各处的乡村工作机关，没有代表参加。据说截至廿四年二月止，这种团体至少有了一千多个，同时与这种团体有了不少的关系的农学会，就有了一万多个。

现在专为乡村建设而造就人才的教育机关，除了邹平的山东乡村建设研究院，与定县平民教育促进会的训练部，尚有好多的同样的训练机关。专从文字上宣传这种运动的期刊，除了"民间半月刊"，"乡村建设月刊"以外，也有很多种定期刊物。专为交换意见或报告工作的团体，除了每年一次的乡村工作讨论会以外，好多大学里，也有所谓乡村研究会。专从学理上阐明这种运动的必要的书籍，除了梁漱溟先生在中华书局出版的《中国民族自救运动之最后觉悟》以外，还有了不少的著作。又如一般大学里农村社会学等科目的增加，与一般学生们的下乡游行演讲等等工作，大致可以说是与乡村建设运动的提倡，有了多少的关系。

总而言之，乡村建设运动，不但得到教育家，执政者的提倡，而且引起了金融界，慈善团体，以至促进工业的机关的注意，因而有些提倡都市平民教育者，改而提倡乡村平民教育，有些提倡工商职业教育者，改而提倡农业生产教育，至如文科要改为乡村师范，师范要改为乡村建设师范，银行要名为农民银行，都是证明乡村建设运动的影响之广，势力之大。

这个运动的影响之广，势力之大，一方面可以说是受了理论的影响，一方面可以说是受了所谓实验工作的影响。近来有好多人，一谈起乡村建设运动的理论，往往就会联想到邹平的山东乡村建设研究院的梁漱溟先生，而一谈到这个运动的实验工作，又多会联想到晏阳初先生所指导之下的定县工作；但是我们也不要忘记，这种理论既并非始自邹平的梁漱溟先生，而这种实验工作也非始自定县的晏阳初先生。从理论方面来看，重视乡村，是我国人的传统思想。近人之提倡农村立国较早而影响较大的，要算章士钊先生所发表的"农国辩"（民国十二年十月一日及二日的新闻报社论）。章先生的主张很能引起王鸿一先生及其朋友的注意。而梁漱溟先生之所以提倡乡村建设运动，一方面固与他素来主张恢复中国的传统思想，不无关系，一方面却可以说是深受王鸿一先生的影响。从实际工作方面来看，有些人以为开这种工作的先河是民国初年米监三，米迪刚先生们在定县翟城村，及山西省政府在山西所提倡的村治。然而严格来说，所谓乡村建设试验最先成立的，好像要算中华职业教育社，中华教育改进社，中华平民教育促进会，与东南大学农科，在江苏昆山所合办的徐公桥乡村改进区。

我在下面各章里所谈的理论与所谓实验工作，多以邹平与定县为例，固由于这两个地方对于乡村建设运动的发展上，影响较大，然而主要的，是为着解释的便利起见，因为本书的主要目的，不外是讨论这个运动的根本问题，与指明这个运动的最近趋势。

第一章　乡村建设运动的史略

国人重视乡村的观念，本来很早。老子说："修之于乡，其德乃长"；孔子说："吾观于乡，而王道易易"，便是最显明的例子。至于孟子所谓"死徒无出乡，乡里同井，出入相友，守望相助，疾病相扶持"，可以说是孔子老子的理想乡村的注脚。此后如王阳明，吕新吾，对于乡治不但重视，而且有具体的计划，并努力去实行。

可是严格的说来，乡村建设这个口号与这种工作之成为一种流行标语与有力的运动，还是最近十余年来——特别是近数年来——的事。

近来好多人都以为，乡村建设实验工作最早的，是河北定县的翟城村；提倡与创办这种工作的中坚人物是米监三，米迪刚先生们。据说他们在光绪三十年已经注意到乡村的教育与农业。在教育方面，他们先后创设国民初级小学校，与女子学塾；此外又有农村识字会（后改为简易识字班，民国三十年又改为半日学校），乐贤会，宣讲所等。在农业方面，他们大体仿效吕氏乡约，制定了看守禾稼，保护森林，禁止赌博等规约。后来中华平民教育会特选择翟城村为试验区，大概是为了这些历史的关系罢。

到了民国三年间，定县县长孙发绪氏，对于翟城的工作，很表同情，并且加以提倡，所以除了教育和农业以外，据说对于卫生、保卫、路政、风俗都加注意。此外又创设因利协社，与村公所。

后来孙氏离了定县，于民国五年擢升山西省长，他到任后注意山西村政，同时又得督军阎锡山先生的赞助，所以山西的村政，遂逐渐的引起了国人的注意。

山西办理村政的经过，据山西村政汇编上所载，划分为两个时期：一为官厅提倡村制的时代，一为村民自办村治的时代。前者是从民国七年至十一年，后者是从十一年至十六年。

山西在民国七年所施行的村制，大概于村之下尚有闾、邻。五家为邻、二十五年家为闾。邻有邻长、闾有闾长、村有村长。其所办的村政，除编查户口等外，尚有主要六项：即禁赌、禁蓄辫、禁缠足、植树、开渠、养牛。前三项属于消极方面，后三项属于积极方面。这都是属于省政府六政考核处，后来又改为村政处。

第二个时期，可以算作山西村治最负盛誉的时代。这与阎锡山先生的极力提倡，有很大的关系。他以为提倡村治的目的是要使"村制组织，完全俨成有机活体。凡村中所能自了之事，即获有自了之权，庶几好人团结，处常足以自治，遇变足以自防"。其所以达这种目的者，乃注重于五种设施，就是村范、村民会议、村禁约、息讼会和保卫团。

到了民国十六年八月，山西村制又加以改订。设施计划以阎锡山先生的"村村无讼、家家有余"为目标。关于"村村无讼"有奖励村仁化，维持村公道，整顿息讼会，与普及法律知识。关于"家家有余"，有奖励农家副业与工业，提倡水利、林业、合作社，及节俭储蓄等。

民国十七年以后，国内的乡村建设运动，逐渐发展，大有"如花怒发"，"如月初升"的景象。然在山西的村政，却因各种原因而致停顿，现在谈乡村建设者，似已把山西过去的村政计划或设施，当作历史陈迹。近来，阎锡山先生鉴于过去的失败与村乡的坠落，又倡土地村有的制度，且指定晋北几个乡村为实验区。这种计划，曾引起国人的特别注意，然而大体上说，好像责难者多，而赞同者少。

在山西，除了政府努力提倡乡村工作外，严慎修先生及其朋友于民国十一年间，计划办理河津县上井村晋祠十三村自治。严先生及其朋友们很注重于"古乡饮礼，古乡射礼"，并设立勤志职业中学。此外对于信用合作，简易医院，亦加以注意。

在华北，自民国十七年以后，乡村建设运动较为发展，而其最著名的，如中华平民教育促进会的定县实验区，燕京大学的清河试验区，河南镇平内乡的乡村建设，河南辉县百泉的河南村治学院，山东乡村建设研究院的邹平，菏泽等实验区；及青岛市政府在九水、阴岛、薛家岛、李村、沧口各处的乡村建设。

中华平民教育促进会最初在北平提倡识字运动。到了民国十五年，又选定县翟城村促进乡村教育。至民国十八年起，始以整个定县为实验单位，并且对于教育工作，扩大范围，而从事农村各种工作，如农业、卫生及合作等方面。他们以为中国有四种基本的缺点：一是愚、一是穷、一是弱、一是私。因而提倡四大教育以补救这种缺点，这就是文艺教育、生计教育、卫生教育和公民教育。

燕京清河试验，创办于民国十七年冬，主其事者为燕京大学社会学系，经费由罗氏基金会捐助。试验工作的原则，据说是：（一）以调查为基础，实事求是；（二）以通盘计划，应付整个问题；（三）以经济为一切上层建设之基础；（四）一切均与本地及外界各专门机关合作；（五）尽量聘用人才，加以训练，以免人存政举，人亡政辍；（六）一切设施均与当地情形相合，力求简单与经济，以奠自立之基础。工作方面分为四项：社会服务、农村经济、农村卫生、农村调查。

镇平与内乡两个地方，都是由自卫入手，以发展乡村事业。镇平内乡各处，在民国十六年间，盗匪猖獗，这个时候适彭禹廷先生丁忧回镇平，创办民团，肃清土匪。十八年彭氏任河南村治学院院长，镇平又遭匪患。彭氏于十九年秋又回镇平办理民团，并组织自治机关，到了二十二年彭氏被人谋害，他的朋友学生们继续在镇平内乡各处从事地方自卫与乡村工作。他们的最终目的，据说是："夜不闭户，路不拾遗，村村无讼，家家有余"。

河南村治学院，是民国十九年春设在河南辉县百家乡。其组织主要有两部：一为农村组织训练部，一为农村师范。此外又有农村警察训练部，农业实验部，与村长训练部。河南村治学院是受河南省政府的委托而设立的。但是主动的人物乃王鸿一先生及其朋友。听说王先生曾深受了章行严先生的农国辩的影响。他在民国十三年与米迪刚先生在北平创办中华报时，已很注意提倡村治。到了民国十八年正月，王米诸先生又组织村治月刊社于北平，发行《村治月刊》。这个时候，冯玉祥与韩复榘先生正在河南，对于村治，也颇注意，因召王鸿一先生主持河南村治学院，王先生自己不能应聘，乃推荐彭禹廷和梁仲华两先生为正副院长，梁漱溟，王怡柯，陈亚三诸先生为导师，及各部主任。但是这学院成立不够一年，因河南政治变化，冯韩两位先生离开河南，村治学院也因之而停办。

山东乡村建设研究院，可以说是河南村治学院的后身。韩复榘先生离河南后乃到山东省主政，因召办理河南村治学院的领袖到山东设立山东乡村建设研究院，并指定邹平县为实验区。院址设于邹平，而任梁仲华孙则让两先生为正副主任，梁漱溟先生为研究主任。后来梁仲华先生辞院长职，从事于豫鲁乡村建设联络工作，梁漱溟先生遂为院长。实验区由邹平扩充至十四县，别设分院于菏泽。组织方面，分为乡村建设研究部，乡村服务人员训练部，与实施乡村建设的试验区。最近来该院又有改为山东乡村建设师范学校之说。

青岛市政府于民国二十一年间，成立乡村建设办事处五处，分驻于李村、九水、沧口、阴岛、薛家岛，并于水灵山岛附设分处；乡村建设办事处，由市政府及所属工务、社会、教育、公安各局、农林事务所各派一人组织而成，并由市政府指定一人为主任，以便常驻各处。其工作事项，由市政府各局计划施行，故大概说，分为工务，社会、教育、公安、农林五项。

华北乡村建设的工作，或与乡村建设有直接关系的工作，除了上面所说的以外，如梁式堂先生在内蒙古一带之致力于垦殖事业与提倡村治，以及齐鲁大学的齐大乡村服务社在龙山的工作，中法大学在温泉的乡村建设工作，北平师范大学在辛庄村的工作，与其他各处，如河套的乡村建设，都值得我们注意的。

上面是略说华北方面的乡村建设运动。在华中方面这种工作之较发达的，要算江苏、浙江、安徽、江西四省。在民国十五年五月，中华职业教育社联合了中华教育改进社，中华平民教育促进总会，东南大学农科，共同试办划区改进农村工作。同年十月，成立第一试验区于江苏昆山的徐公桥。到了民国十七年，徐公桥由中华职业教育社独立继续办理。中华职业教育社本来努力提倡都市商业，但是后来觉得在中国这样国家而谈职业教育，应当以农业为主要，因而变更方针，注重农业工作。他们的目标是："自养养人，自治治群，自卫卫国"。质言之，就是富政教三者合一，以改进农民整个生活。据说徐公桥已于二十三年七月交归地方人士接办。中华职业教育社现在又在上海近郊择地实验，一方面作为在都市中鼓吹农村去的实例，一方面作为"农学团长修科，团友实习，在复式组织下，办理农村改进的场所"。

在江苏除了中华职业教育社所举办的徐公桥实验区外，民国十六年中华教育改进社在南京所主办的晓庄学校，虽偏重于教育方面，然对于乡村建设运动有了不的影响，又如江苏省立教育学院在高长岸与社桥村两个实验区，江宁的汤山乡村实验区，上海的俞塘乡村实验区，南汇的界沟实验乡，或由地方人士自动办理，或由政府委托，或由教育机关提倡，或由公私团体合办，总共至少有二十余处。

在浙江方面，民国十七年二月浙江萧山县由沈玄庐先生领导组织，成立衙前村试办乡村自治筹备会，注重自治工作。民国二十年中华职业教育社与浙江鄞县人士合办的白沙乡村改进区，民国二十三年浙江桐乡县政府所主办的南日晖乡新农村实验区，以及别的地方如永嘉的农村合作实验区，杭县凌家桥民教实验区，均是对于农村建设运动努力提倡的。

安徽和县的乌江农业实验区，本是金陵农学院实施农业工作的地方，民国十九年后由中央农业推广委员会与金陵大学农学院合组为实验区，此外又如中央侨务委员会所提的侨乐村，也可以说是乡村建设运动的一种。

又如江西省农业院，虽是为一总管农业研究，试验教育推广及行政的机关，然目的也是复兴农村。至于湖南湖北各省当局或各种团体对于农村农民都很注意。他如四川巴县在民国二十二年所设立的乡村教育学院，可以说是专为推进乡村建设的运动了。

在华南方面，对于这种运动，虽不若华北华中那样努力提倡，然而譬如岭南大学农学院在琼州香山各处所设的试验场，岭南大学青年会的乡村服务部在岭南近郊的各种工作，广东省农林局于民国二十二年在河南岛各乡村对于农民教育农业改良，以至黄艮庸先生于民国二十二年在番禺新造所主办的新造乡民学校，均是朝向在乡村建设运动的途上。梁漱溟先生在《乡村建设》旬刊上发表"主编本刊之自白"一文，且以为他的乡村建设的主张的成熟，是在民国十六年秋住居广州新造细墟乡的时候。至于广西政府对于乡村工作也颇注意。广西柳州试办区是邀请定县派人指导的。

总之，我们这里所述的各处乡村建设运动，只是这种运动的一些比较显明的例子。此外譬如江苏江宁、浙江兰豁、江西临川各处的县政实验区，重心虽在县政的改善，然对于乡村工作也有很密切的关系。然只从上面所举的例子来看，已使我们不能否认：这种运动在近年以来，影响之广，势力之大了。

然而同时我们也不能不指出，上面所述的各处乡村建设的机关与团体，有很多已不存在了，而一些尚存在的，其工作或则已多缩小范围，或则陷于停顿状态。

第二章　乡村建设运动的模式

在上面我们已经指出乡村建设运动的大概与史略，现在要把在比较上足以代表这个运动的模式的几个例子，作进一步的叙述。

选择乡村建设运动的模式的例子，当然不是一件容易事。原因也许是：一来，研究的观点，每因各人有了多少主观的成分；二来，乡村的工作又每因各处有了多少重复雷同。然而大体上，假使我们能注意在理论与计划方面来观察这个运动，我们可以举出三个例子来做这个运动的模式。这三个例子，就是：邹平的山东乡村建设研究院，定县的中华平民教育促进会，和青岛市政府的乡村建设办事处。

邹平的乡村建设运动的中坚人物是梁漱溟先生。梁先生在民国十一年所发表的《东西文化及其哲学》一书，极力提倡孔子之道。他以为世界文化的种类，可分为西洋，中国，印度三方面，而世界文化的发展也是从西洋而至中国，再从中国而至印度。照他的意见，西洋文化已发展到极点而趋于没落，印度文化则理想太高，非目下或最近的将来所能实现；所以只有中国文化的路，是正当的路。而所谓中国的路，也就是孔子之道。梁先生之所以偏于复古，就是这个原故。

梁先生既偏于复古，他不得不反对西化。他以为"西洋戏法、中国人是要不上来的"。他相信中国民族自救运动之最后觉悟，是中国自己固有的文化的路，而这种最后觉悟的起点，就是中国自己固有的乡治的路。

梁先生告诉我们：他的乡治主张是成熟于广东。而他"所用乡治一名词的拈出"，也在广东。这是民国十五六年间的事。他在那个时候，同黄庆先生到黄先生的乡间——离广州五十里水路，地名新造细乡——去歇暑，与乡间青年诸友同读共谈，使他觉得乡治之必要。同时又得了李济琛先生的帮助，因而决心提倡乡村运动。他本意拟在广东实施这种工作，后来因为李氏失了在粤的政治地位，所以他才来北方从事这种工作。

梁先生数年以来，不但对于乡村建设的理论方面努力提倡，而且对于乡村建设的工作方面，也参加领导。他从前是河南村治学院的研究部主任，现在是山东乡村建设研究院院长。

在河南村治学院旨趣书里，梁先生说："中国社会一村落社会也。求所谓中国者，不于是卅万村落，其焉求之？"后来在山东乡村建设研究院设立旨趣及办法概要里，他又说："中国原来是一个大的农业社会，在他境内，见到的无非是些乡村，即有些城市（如县城之类），亦多数只算大乡村，说得上都市的很少。就从这点上说，中国的建设问题，便应当是乡村建设。"

梁先生虽提倡与从事乡村建设，照他的意见，乡村建设的目的，并非建设事业之一，而乃民族自救的新方向与最后觉悟。且看梁先生在"主编本刊（村治月刊）之自白"一文里说：

"我眼中的乡治或村治，全然非所谓什么'当今建设事业之一'，或什么'训政时期之一种紧要工作'，我是看作中国民族自救运动，四五十年来，再转再变转，变到今日——亦是到最后——的一新方面，这实是与四五十年来全然不同的一新方向，——以前都是往西走，这便要往东走，我不能牵牵扯扯的混在往西的人堆里，干我往东的事。——事原是大家的事，原要大家往东走才行，我一个人往东没有用的。如果大家于旧方向不死心断念，则我乡治或村治即无从谈起，这时你和他说些个乡治或村治的怎样办法，中什用呀？我不开口说话则已，我说话，劈头一句就要先打破他往西走的迷梦，指点他往西走的无路可通。"

关于中华平民教育促进会在定县方面工作的起源，晏阳初先生在《乡村建设实验》第一集里，报告该会工作大概，有了一段简明的叙述：

平教运动的发端，是在欧战的时候，当时各国招募华工到欧洲工作，兄弟从美国到法国办理华工教育，目观华工不识字之痛苦，从那时得了一些经验，同时联想到国内一般不识字的文盲，关系国家民族前途的重大，所以回国以后，就从事识字运动，但是在工作经验中，相信中国大部分的文盲不在都市，而在农村。中国是以农立国，中国大多数的人民是农民。农村是中国百分之八十五以上人民的着落地，要想普及中国平民教育，应当到农村里去，所以同人才决定到定县去工作。

晏先生在《乡村建设实验》第二集报告平教会工作大概里，又"觉得中国真正最大之富源，不是铁，也不是，而是三万万以上不知不觉的农民。要把农民智慧发展起来，培养起来，使他们有力量自动的起来改造，改造才能成功，自动的起来建设，建设才会生根，自动的起来运动复兴民族，民族才有真正复兴的一日"。

中华平民教育促进会在定县的工作和计划，是像上面所说的四大教育。这四大教育就是文艺教育，生计教育，卫生教育，公民教育。我们已说过这四大教育的理论根据，是筑在中国人的四大弱点上，所谓四大弱点，是愚，穷，弱，私。关于这四点弱点与四大教育的关系，晏阳初先生在乡村论会第二次集会报告平民教育促进会工作大概里，也有一段简短的解释，今录之于后：

本会最初欲去除一般人的愚昧，而启发其智慧，所以有文艺教育以培养"知识力"。嗣后感觉人民之愚与穷有莫大之关系，且人民之愚尚能苟延残喘，穷则不保朝夕，乃又有生计教育以培养"生产力"。后又感觉人民体弱多病，而死亡率高，实为民族前途之忧，乃又有卫生教育以培养"健强力"。同时感到一般人民自私心重，因之生活散漫不能精诚团结，于是又有公民教育以培养"团结力"。所谓四大教育，实为根据实际生活之要求，逐渐演进而创出之新民教育内容之荦荦大端。其实施方式，有学校式以教育青年为主要工作，因青年是国家今日建设之主力军，同时又顾到教育儿童，因儿童系民族复兴的后备队。学校式之外有社会式及家庭式，其目的在使整个社会尽是教育的环境，以免一曝十寒之弊害。教育内容的实验，所以定教材之是否合适；教育方式的实验，所以定方法之是否合宜。而教育方案之拟定，又必根据社会调查所得之事实，以免主观之谬误。

这四种教育，固正如晏先生所说乃"根据实际生活之要求逐渐演进而创出之新民教育"。可是这种新民教育，是我们数十年来的小学校里也已努力提倡的。德智体三种教育者，岂不就是先生所谓公民文艺卫生等教育吗？至于生计教育，自曾国藩以来所提倡的富国教育，以至我们的农工教育，又何尝不是生计教育的别名呢？

至于青岛乡村建设的模式如何，《青岛市乡村建设》月刊第一卷第一期的发刊辞里，说得很详细。我愿意把数段抄之于后：

古代以农立国，社会组织简易，工商属农之副产，市廛属乡村之附庸，经济生产寄于是，宗教典礼寄于是，教化庠序寄于是，内政军令亦寄于是，故曰国为乡之积，乡治则国治矣。

其后由农业经济社会，进而为工商经济社会，国家组织复杂，固未可以古代之农村国家相提而并论矣。顾工之制造，商之贸迁，必以财货为主，而财货之来源，仍仰于农村，必有渔猎畜牧耕稼为之开辟地利，供给物资于先，而后工商获制造贸迁推广其用于后，故工商之事业，虽聚于市，而工商之资源，乃系于乡。

青岛固世所谓工商之都会也，顾市区中括有乡村，数近三百，全境七万余户，乡居者占十分之六，然而行政机关以及教育卫生交通娱乐一切设备，大都集于市区之一隅，乡民无由享用，市内道路纵横，任驰车马，而乡间崎岖坎坷，举步维艰；市内装设水管，吸取自如，而乡间井泉不足，饮溉两缺；市内医院林立，而乡间更无一家；市内船埠完整，停泊利便，而乡间缺乏港湾，避风无所；市内电报电话，线路纵横，而乡间则并邮信，多且未通；凡此皆属经济生存之设备，为人生所必需，而其缺乏如此，则乡民之故步自封，罕知进化，又何责焉。夫运输设备不完，而乡民又不知合作，往往运柴一车，往返二日，贩猪数头，跋涉百里，此乡村产业难于发展者一也。井泉不足以资灌溉，又不知所以选种施肥，其以园圃果木为业者，遇有虫灾，无术救济，此乡村产业难于发展者二也。山洪时发，河堤不固，田庐冲毁，时有所闻，此乡村产业难于发展者三也。港湾码头不足以供停泊，而旧有之渔船渔具不适于远洋之用，渔区不能扩充，而外人复侵入，此乡村产业难于发展者四也。乡民知识低落，而资金匮乏，不知利用机械，温故知新，古来著称之纺织事业，久为新式纱布所揽夺，而家庭之副业，去其大宗，此乡村产业难于发展者五也。交通机关不备，九水，乌衣巷等处，偏在一隅，消息隔阂，阴薛诸岛，更属隔海孤悬，别有世界，市内文化不能传达于乡间。乡村人物亦不获尽量效力于市内，此乡村产业难于发展者六也。医药不备，卫生无方，平时不能保应有之康健，凶年更不能救非常之疫疠，是则生命且欠安全，又不仅生计职业之问题矣。乡村建设之缺乏，此不独乡村之忧也，而城市亦将感受其害。市内工场林立，所需男女工徒，为数至多，今因乡村子弟，坠落愚陋，以致工厂招工，军警募士，均难其选，其影响一也。乡民穷困失业，麇集于市内，乞讨谋生，紊乱社会风纪，此其影响二也。乡村生计艰难，不能自卫，流氓地痞，匿迹其间，始由远方侵入近郊，继由近郊波及市内，此影响三也。卫生设备不全，疫疠因时而发，细菌行动自由，市乡并无所择，本年霍乱传染多发源于阴岛，薛家岛，台东、台西，此其影响四也。市内所需蔬菜果品，多由乡村供给，因乡村园艺，无由进步，以致供给常缺，转须求之远方，物既陈腐，便更昂贵，此其影响五也。由此观之，乡村不救，则城市岂能独全，诚所谓疼痒相关，不能漠视者矣。

本市接收以来，于今十稔，对于乡村设治，历年虽亦有兴革，究以幅员辽阔，终有鞭长莫及之势；官厅政令不行于下，民间疾苦罕达于上。……乡村症结所在，既已大明，用于今春创立乡村建设办事处五处，分驻于李村、九水、沧口、阴岛、薛家岛，并于水灵山岛附设分处，使任民事之责，由社会公安工务教育四局及农林事务所选派人员，通力合作，而市府置一主任，以总其成，事属兼职，费不增额，并由市长率同各局所长以及主管人员每周一度更番视察，以资促事务之进行，于是拨筹市款，辅以民力，增建校舍，充实学额，调查学龄，应行义教；延长村道，增广汽车，修筑堤坝，预防水灾，建立船埠，以利停泊，鼓舞造林，奖励家畜，筹集贷款，推行合作，严禁烟赌，取缔缠足，选练团丁，以资保卫，兴利除弊，劝善惩恶，经营半载，渐有端倪；凡此诸端，不敢谓有何成绩，亦惟竭寅僚之心力，尽官府之天职，因势利导，先其所急，求其所以保民、安民、教民、养民、以立民主政治之基础而已。

我们现在可以把这三个模式来做一个简单的比较研究。邹平定县青岛各处的乡村建设工作，都注重于农业方面，但是青岛之所以注重农业与邹平定县有了不同。前者是为救济都市的需要而注重，后者却是受了传统的重农观念而注重。

邹平在理论方面，因为梁漱溟先生的理论的原故，影响最大；定县在实际方面，因为宣传较力，影响较大；青岛乡村工作，照我个人看起来，成绩好像较好，然而外间知者较少，这也许因为一来青岛的乡村工作，差不多为了青岛市的声名所遮掩，二来青岛在宣传上好像较少，我们试看乡村工作讨论会第一次集会时，青岛没有参加，便能知道。到了该会第二次集会，沈鸿烈先生虽到场报告工作大概，然乡村工作讨论会所编的《乡村建设实验》第二集，也没有文字报告。我在上面不厌繁冗而抄了几大段关于青岛乡村建设的理论，也是为了这些原因。

邹平与定县都是用全力去培养乡村力量，发展乡村文化。他们的理论是发展乡村以救济都市；青岛却以目下都市的力量去发展乡村。因为这个原故，青岛只利用了市政府固有的力量，人才，机关，以扩大其工作的范围，而定县邹平却要重新培养力量，训练人才，创立机关，以为乡村建设的基础。

从乡村运动发展史上看起来，这三个地方的工作都非最早的工作。我们已说过，好多人都以近代乡村工作始于定县翟城，而山西继之。可是前者无论在工作上，在影响上，在地理上，范围都小，而后者却偏于地方行政方面。其足以代表这个运动的整个方面之较早者，要算中华职业教育社在昆山所办的徐公桥实验区。不过以现在的情况来看，与研究便利起见，邹平定县与青岛，可以当作代表这个运动的几种模式。

假使我们用几句成语来说明乡村建设运动的模式，我们大致可以说，山东乡村建设研究院的乡村建设是"孔家店式"，中华平民教育促进会的乡村建设是"青年会式"，青岛市政府的乡村建设是"都市化式"。

第三章　乡村建设工作的观察

关于乡村建设的工作方面，我个人以为：在今日的乡村建设运动中，除了青岛的工作比较上稍为差强人意外，其他各处的工作好像都不能名实相符。我个人对于今日一般所谓乡村建设工作的前途，颇感觉悲观。我现在很愿意略略说明我为什么悲观。

我以为凡是稍知道十余年来的乡村建设运动史的人，都免不得会觉到这种运动已经有了很多失败，而且有不少还正在失败的途上。

十余年来，较早注意与从事乡村建设的，要算山西省政府。山西省的村政运动，始于民国七年，而其目标可以阎锡山先生的"村村无讼，家家有余"两句话来作代表。据说进行办法，关于"村村无讼"者：有奖励村仁化，村公道，整顿息讼会，普及法律知识等；关于"家家有余"者：有奖励农家副业，提倡水利，林业，合作，节俭储蓄，与取缔游民等。然而梁漱溟先生老早告诉我们说："但实际上这许多办法多不易实行，或未实行，或行之亦是空而无用"。话果是不但"难如所期望"，而且"不免有流弊"。梁先生后来又很肯定的说："山西村政今已达到不能进行之境地，非改弦更张不可，则亦不可讳之事实。此在阎公以次之山西政府当局，亦多承认之。"

山西村政，在数年以前是很负盛名的。山西村政运动失败的原因，有些人说是由于政府敷衍了事，有些人说是由于人民知识太低，可是失败是一种事实，这是无论何人都不否认的。

继山西的村政运动而起比较上且能引起人们注意的，如河南辉县百泉的河南村治学院。这个学院的提倡与主持人，是民国十八年正月在北平创刊《村治月刊》的王鸿一与彭禹廷诸先生。学院是在同年十月秉承河南省政府委员会的委托而成立。该院分设农村组织训练部与农村师范部两部。此外对于农业改良，乡村自卫等，均加注意。

河南村治学院之能够产生，是得力于冯玉祥和韩复渠两先生在河南的政治地位。但是不够一年，冯韩两氏离开河南，这个学院也因政治的关系而停办了。

现在从事于乡村建设的团体虽多，可是比较上负有相当时誉的，要算山东乡村建设研究院的邹平试验区与中华平民教育促进会的定县实验区。然而邹平与定县的乡村建设工作，都好像赶不上他们所得的盛名。梁漱溟先生在乡村工作讨论会第一次集会时，报告山东乡村建设研究院邹平实验工作，曾有下面一段话：

总而言之，本院两年工作所感之困难，出于本身之缺欠者多，出于外面障碍者少。同人大部分精力耗于研究训练两部学生之学业上，而此两部七百余之学生，果能益于乡村足以偿其取给于乡村者否，正不敢自信。吾人日言乡村建设，其不落于破坏乡村者几希，言念及此，不寒而栗。

晏阳初先生在乡村工作讨论会第二次集会，报告中华平民教育促进会定县实验工作，也有下一面段话：

定县的全面实验工作，起始于民国十八年。五年经过，其成功究竟到了什么，实难断言。因为：第一是人才问题，这种改造全生活的实验，关系的方面太多，无处供给所需要的各种人才。第二是经费问题，在这民穷财尽的时候，很难筹措这百年大计的实验费。第三是社会环境的问题，现在全国方在一个天灾人祸内忧外患的环境中，国难如此严重，大家容易误认这种工作为不急之务。第四是时间问题，这种改造民族生活的大计划决不会一刹那间就能成功。有此四种困难，平教运动的前途殊可栗危惧。

梁先生的话是两年前说的，晏先生的话是一年前说的。这两位领袖，一个是"不寒而栗"，一个也"栗栗危惧"，他们说的难道都只是自己谦抑戒惧的话吗？

照梁漱溟先生的话来看，邹平就没有作过什么乡村建设的正当工作，已有建设乡村变为破坏乡村的危险；照晏阳初先生的话来看，定县正在开始试验乡村建设的初步工作，已感觉到这么多的困难。一县的乡村建设，已有这么多的困难，一国的乡村建设的困难之多，是可以想像而知的。乡村建设的实验区中，人才最多，经费最裕，环境较好，时间较长的，还是定县，而其困难尚且如此，其他各处的乡村建设之不易发展，更可以想像而明白了。

乡村建设是一种实际工作。乡村工作讨论会所编的《乡村建设实验》第一集的序言里，曾郑重声明："本会重实际不尚虚谈，故集会时仅许报告工作，不谈理论。"又说："农村问题非空谈所可了事，乡建工作非仅形式组织所可推进，必也农村问题从实际工作里求办法。"

然而事实告诉我们，十余年来的乡村建设工作，还未超出空谈计划与形式组织的范围。譬如在第一次乡村工作讨论会里，李石曾先生的演讲已趋于理论方面。到了第二次乡村工作讨论会里，梁漱溟先生便大谈起理论来。又我们若把历年各处从事乡村工作的报告细心来看，我们便容易感觉到这些工作的报告，多是空谈计划与组织。此外一般"汗牛充栋"的乡村建设的出版物，也多是空谈计划，偏重理论。原因不外是实际工作的寥寥无几，就是作了，也多是"空而无用"。邹平与定县是乡村实验之最负盛誉的，据梁漱溟与晏阳初两先生的报告，尚觉得工作有限，前途少望，其他各处，更不必说了。

梁漱溟先生本来是一个理论家，现在还是一个理论家。这不但是一般普通人的见解，就是从事乡村建设工作的人，也有这种感想。邹平的乡村建设运动；对于国人所以有了不少的影响，与其说是由于邹平试验区的工作，不如说是全由于梁漱溟先生的理论。至于定县的晏阳初先生，虽不像梁漱溟先生一样的"以文载道"，然他在讲台上的长谈伟论，差不多也可以说是他之所以引起人家对于这种运动发生兴趣的一个原因。而且十年以来，他的大半时间，也是消耗于实验计划与形式组织上。近来有好多人以为各处的乡村建设实验区，宣传工作多于实际工作，这并非完全无稽之谈。实际工作是人们所能共睹的，实际工作有了成绩，既不容人们否认，也不需自己宣传。

所谓乡村建设工作，大概来说，可分为四方面：一为教育，一为卫生，一为政治，一为农业。假使我们从这四方面的工作略加检讨，我们难免失望。在农业改良方面，据邹平定县各处自己报告，均有多少成绩。但是求合于现代科学的生产标准与一般农民的需要，恐怕相差还很远吧？何况有好多地方所谓农业改良的工作，完全尚未开始，或已进行而完全没有效果。

在政治方面，譬如定县邹平各处都是实验县，对于地方自治工作，似可从速进行，但事实上也不是这样，乡村工作讨论会第二次集会自治保卫组且告诉我们说：

同人咸以为今日谈不到地方自治，必先用教育引发培养人民新的知识能力，使乡间分子渐次团结。用"政教合一"的方式，发生一种力量，由力量过渡组织，由组织然后才能到自治。

实验区在未实验以前，已有这种论调，我不知道中国人民要到何时，要在何处，才有实验自治的机会。这好像不但证明我们的训政时期再要延长下去，而且证明民主的讨论，宪法的起草，全是多事了。又如所谓公民教育的效果如何，只看东北伪国招收工人时，定县人民去者达万余人，便能知道了。

在卫生方面，几个实验区都设有医院，但是这些医院，无论在治病或研究方面，都嫌过于简陋。连了他们所注重的管理卫生的制度，也只有制度而少有实益。同时这种制度，也仿佛是与各县已经实行的学区制度根本没有很大差异。此外在各实验县的县城或乡村各处的街道的污秽，以及其他不合卫生的现象，和其他各处也好像没有多大差别。

在教育方面，据晏阳初先生去年十二月在广州岭南大学演讲，称"在定县共有人民四十万，中有青年八万，在这八万男女青年中受过教育的只有一万人，其余都是未受教育的文盲。"又平民教育所给与于乡民的教育不但往往不够应用，而且每因不常应用而把所识的字也忘掉了。平教会在北平的教育的失败就在这里。定县的教育比较普及，再加了平教会十年的提倡，结果也不过如此，可知这一种乡村教育的前途，是很难乐观的。

照我个人的观察，今日所谓乡村建设工作，还是注重在教育方面。教育固是建设的一方面，也是建设的一种预备。乡村建设实验区的教育工作既没有特别的贡献于乡民，又不能适应乡民的急需，那么这种教育，并不异于一般的普通教育了。

李景汉先生在《独立评论》一七九号发表过一篇"深入民间的一些经验与感想"，指出"与农民打成一片，话是很容易立的，志愿也是容易立的，等到实行的时候，问题可就发生了。"他且说：

起初你愿和他打成一片，他却躲避不愿和你打成一片，等到后来他愿和你打成一片时，你又受不了了，不愿和他打成一片。……因为他本人的气味使你不舒服，家内炕上的不洁净使你坐不住，食品的粗劣使你难下咽，其他种种不卫生的状态，和拿时间不算回事的和你应酬，都是使你不大受得了的。就是能够居然作下去，也免不了是很勉强的，痛苦的。

李景汉先生在这里所谈的经验，大概是一种为调查与研究乡村状况而深入民间的经验。这也只能说是乡村建设的一种预备工作。为调查与研究而深入民间已是这么困难，为乡村建设而深入民间岂非更难？因为这样一来，在实际上，不但是要自己去作乡民，自己去作农民，而且要自己作成一个模范乡民，成功的农民。假使不是这样作去，决不易引起乡民的同情，决不易得到农民的信心，梁漱溟先生曾说过，"乡村建设的目的是要自家创造出饭来吃"，就是这个意思。假使提倡或从事乡村建设工作的人，不能自家创造出饭来吃，则照梁先生的理论，所谓乡村建设者，只是乡村寄生虫而已。

但是事实上今日一般之提倡与从事乡村建设的人，不但不能"自家创造出饭来吃"，连了深入民间也少能实行，一方面提倡跑回乡村，一方面又要自己的妻子享受都市的生活；一方面鼓吹教育农村化，一方面又要自己的儿女享受特殊的教育。而其较甚者，是自己往往也只住半都市式的县城或市镇里，终年少有到过乡村。一般热心于这种工作的领袖，每以为环境或他种关系，整天忙于招待参观来宾，招待关系上司，以至应付工作人员，管理各种事务，而好多普通工作人员又把这种工作当作进身之阶，吃饭之所，结果恐怕只是养出一个吃乡建饭的新阶级罢。

从一方面来看，今日的乡村建设工作之难于发展，也许是由于经费的缺乏。孙友农先生在乡村讨论会第一次集会报告安徽和县乌江乡村建设事业概况里说：

提起乌江的招牌，能够吓死人，"中央农业推广委员会乌江农业推广实验区"乃是堂堂国府的三部——内政部，教育部，实业部——合组的。然经费来源，开办时每日五百元，不久减成三百，减成二百，未及一年，分文莫名。此时周明懿主任急成痨病，许多同志各谋出路，只剩我与李洁齐先生。因农民眼泪滴滴，不忍言去。数月饥饿，饱尝吊死鬼打溜不上不下的滋味。此后邵仲香先生勉强从金陵大学农学院弄来百元，位置了李洁齐先生，而我之生活，由浩劫余年之乌江农学会会员供给，勉强拖到今日。

工作人员的饭碗尚且不保，建设工作当然是谈不到的。当这还可以说是比较极端的例子。就如经费较裕的邹平与定县，每年若用了十余万或二三十万的款项，专为建设学校，医院，农场，还是不够，结果这些建设也多只能当作装饰品看。而况这十余万或二三十万的经费有了不少——也许是很大部分——要拿来维持工作人员的薪俸，招待来宾，以至宣传工作。因此，乡村建设固难于建设，就是维持工作人员，我所以怕今后会养出一个吃乡建饭的阶级，就是这个原故。

　　总而言之，乡村建设运动之在今日，好像差不多要到了专为着维持工作人员，保存乡建机关而工作的地步。对于农民，精神方面固少有建树，物质方面更少有改造。我记得从周村到邹平一条三十余里的汽车路，除了邹平实验县在路两旁插了不少禁止毁折树木的牌示外，树木固很少见，道路更不成样子。那个时候，汽车固不能跑，洋车也跑不来，结果是要步行。好多到过邹平的人都说"一条路且没有建设好，乡村之建设可知"。未知主持乡村建设工作的人，以为如何？

第四章　乡村建设理论的检讨

上面是注重在乡村建设运动的工作方面的观察，我现在再想从这个运动的理论方面加以检讨。

照我个人的意见，近来好多所谓乡村建设运动，在工作方面所以少有成效，而渐呈枯萎的现象，从一方面看起来，因为多少由于客观条件之缺乏，如人才难找，经费不足，环境恶劣等等，可是从别方面看起来，也可以说是由于理论方面的错误。在某种意义上，后者比之前者好像尤为重要。这种理论方面的错误。分析起来，颇为繁杂，我在这里只能将比较重要几点，略为说明。

乡村建设运动，在名词上，虽是很新颖，在理论上，却有了多少复古的趋向。这种趋向，在对于这个运动提倡较早，实行较力的中坚人物，米迪刚、梁漱溟、王鸿一、严慎修诸先生的言论或著作里，最为显明，米迪刚先生以为"欲为中华民族找出平安大道，亟须恢复吾国固有之村治"。他又提醒我们：他的思想渊源是周易，他的理论根据是大学，他的理想人物是虞舜。（三十年村治经验谈，《乡村建设》旬刊一卷三期。）梁漱溟先生相信中国文化与西洋文化"是两个永远不会相联属的东西"。"我们几十年来愈弄愈不对的民族自救运动，都是为西洋把戏所骗。殊不知西洋戏法，中国人是耍不上来的"。他指出我国民族觉悟之机已到，而这种觉悟的起点就是中国固有的村治的路（《中国民族自救之最后觉悟》）。王鸿一先生的理论大致可以说是与米梁两先生的相同。至于严慎修先生提倡复回古乡射礼与古乡饮礼，也是复古的趋向。照严先生的意见，乡饮礼乃所以"保长幼之序，免争斗之狱"；乡射礼是自卫的办法，所以他说："乡之自卫，当先从奖励人民拳术射击起，而以举行乡射礼为鼓舞之术。"质言之，乡饮礼是对内方面，乡射礼是对外方面。

我想这种复古论调的固错误，是不必详加指摘的。而况米迪刚先生在翟城村所提倡过的新教育，女学校，既已非我们固有的路，梁先生在廿三年八月三十一《大公报》所发表"我的一段心事"的演讲词里，也不能否认"要让乡村进步，那就得接受外面的新科学技术，新知识方法，绝不能深闭固拒"。又如严慎修先生希望以古乡饮礼来"保长幼之序，免争斗之狱"，恐怕也只是一种梦想。至说习拳术射击是乡村自卫的方法，那是言之太过罢。拳术射击在今日不但不能抵抗土匪，用以制服小偷也嫌不够。这真无异于提倡肚子可以敌枪炮，大刀可以胜飞机的故智罢。

好多提倡乡村建设运动的人，以为我们固有与过去的乡村曾有过光荣灿烂的地位，不过现在一方面由于帝国主义的侵略，一方面由于天灾人祸的压迫，以至农村衰落。因为了农村衰落，所以提倡农村复兴。乡村建设运动有时也谓为农村复兴运动，恐怕就是这个原故。

中国今日之受帝国主义的侵略，而影响到乡村，是无可讳言的。但是要想抵抗或打倒帝国主义，我怕还是要帝国主义。处在今日的世界，要想闭关自守，固是做不到，复回过去地位，也是无济于事。胡适之先生在"答梁漱溟先生"一文里曾说：

帝国主义者二叩日本之门，而日本在六十年之中便一跃而为世界之大强国之一。何以堂堂神州民族便一蹶不振如此？此中症结究竟在什么地方？岂是把全副责任都推在洋鬼子身上便可了事？（《胡适论学近著》第一集页四百六十六）

至说天灾人祸之影响于乡村，那也是一种事实。然而同时我们不要忘记，这些天灾人祸，并非最近才有的。我怕我们在过去的天灾人祸，比之近来的，还且较为厉害。不过过去交通不便利消息不灵通，以致人们不大感觉。同时没有欧美日本各国的乡村来和我们的以相比较，而不致相形见绌罢。

事实上，我们很怀疑中国乡村在历史上曾有过一个光荣灿烂的时代。我们的国家时时闹着饥荒，我们的人民从来少有资产。天天都与贫穷为邻，处处都与灾祸相挣。差不多已到无可衰落无产可破的地步。大概是为了这个原故，所以我们的圣贤哲人处世立身与规劝后人的实箴不外是"忍""俭"两个字。因为贫穷太甚，灾祸太多，而又信命做事，靠天吃饭，除了忍俭以外，试问还有什么别的办法？西北各处的穴居，华北一带的泥屋，以至所谓数百年京都附近的裸体在田里工作，与吃树皮观音泥的种种现象与苦况，难道是到了最近来才有的吗？

乡村建设运动，主要可以说是主张以农立国。乡村工作讨论会所编的《乡村建设实验第一集》的"集会起源及目的"里说：

我国数千年来以农立国，农村之健全与否，农业之兴隆与否，不仅为农民生死问题，亦为国家民族存亡问题。……现在关心国事者，以国之不强，由于农业之不振，使坐视不救，则覆亡厄运，必迫在眉睫。

梁漱溟先生在"山东乡村建设研究院设立旨趣"里也有下文，说：假使中国今日必须步近代洋西洋人的后尘，走资本主义的路，发达工商业，完成一种都市文明，那么中国社会的底子虽是乡村，而建设方针所指犹不必为乡村。然而无论从那点上说，都不如此的。近代西洋人走这条路，内而形成阶级斗争，社会惨剧，外而酿发国际大战，世界祸灾，实为一种病态文明，而人类文化的歧途。日本人无知盲从，所为至今悔之已晚的，我们何可再蹈覆辙。此言其不可。……抑更有进者，我们今日便想走西洋的道儿亦不可能，在这个世界上，个个俱是工商的先进国，拼命竞争，有你无我，我们工商业与发之机，早已被杜塞严严的不得透一口气，正不是愿步他们后尘或不愿的问题，而是欲步不能了。……现在资本主义下的工商业只是发财的路，而不是养人的路。……农业则不是发财的捷径，而正是养人的路。……只有乡村建设，促兴农业，能解决这多数没饭吃的问题。

我国耕地有限，而人口过多。目下一般农民之无田可耕者，已不知几许。自九一八事件发生以后，迁移东北四省又生问题，苟非振兴工商业，即此大多数的人民，更将没有出路而坐以待毙。何况今日耕地的分配又很不均，自耕农为数很少。近来有好多人提倡"耕者有其田"，就是这个原故。然而我们不要忘记，即使耕田能够分配均平，问题仍未解决。因为问题的重心是在于田少人多。又据专家估计，我国农民，而尤其是北方农民，因为天时气候的关系，每年耕作时间仅占全年时间三分之一，假使这些农民每年三分之二的时间，闲坐而食，不但是国家的大损失，而且容易养成怠惰的劣性。

至说国之不强，由农业之不兴，那是无稽之谈了。假使这种理论是对的，那么英国不会强了，德国不会强了，日本不会强了。若说中国自来以农立国，所以现在也要以农立国，那又是食古不化了。古今的情势不同，我们不能以古绳今。一百五十年前的英国，岂不是以农立国吗？一百年前的德国，也岂不是以农立国吗？五十年前的日本，又岂不是以农立国吗？

梁漱溟先生以为工业发达，"内而形成阶级斗争，社会惨剧，外而酿发国际大战，世界祸灾，实为一种病态文明。"他忘记了我国有史以来，内乱惨剧，层出不穷，弄到吃人肉，住洞穴，衣不蔽体。近来外患日迫，土地丧失，国家难保，我们不自努力，不自责备，而作这种无益于己，无益于人的空论，这是妄说，这是夸大狂。

然而最奇怪的是梁先生说："日本人无知盲从，所为至今悔之已晚的，我们何可蹈其覆辙。"这种言论，恐怕日本人听了也要暗笑起来，最近天津《大公报》登载日本名流中野正刚，室伏高信等所开的座谈会，已有人感觉到中国若真正工业化起来，日本要受恶影响。那么中国人士提倡以农立国，岂非日本所最欢迎的吗？

至说我们"工商业兴发之机,早已被杜塞严严的不得透一口气",而不能步入人家后尘,那是惰性作祟罢。五十年前的日本,何尝不受西洋各国的工业压迫?然而今日本的工商业,不但蒸蒸日上,而且威胁了西洋各国的工业。其实这种论调,无异等于说中国飞机,火车,轮船,科学以及一切的东西,都不如人家,所以不能步人家后尘,而也不必步人家后尘。

梁先生说:"现在资本主义下的工商业只是发财的路,农业才是养人的路。"我们以为,假使梁先生而放开眼睛来把重农与重工的国家比较一下,便能知道他的言论错误。这一点独立评论已发表过不少文字,用不着我在这里重述。我只要指出:一个国家独立生存于这个世界,专事养人是不够的。养人以外,譬如交通工具,卫国的武备,以至一切的日常工具用品,也不能不特别留意,尤不能不努力发度。

提倡乡村建设运动的人也许说道:农业是工业的基础,农业不发展,则工业不易发展。这种见解,我们并非完全否认。然而我们不要忘记,欧美工业发达的国家,并不轻视农业。事实上,他们今日的农业之发达,也为我们所望尘莫及。我们今日各处的农业试验场,岂非还要移殖外国的农产种子吗?而况我们不但好多次要农产,如水果之类,要由外国输入,就是好多主要农产,如米如麦,也要从外国运来。这又岂非证明人家的农业比我们的进步吗?又况西洋农业之特别发达,还是在工业发达之后。从前用十个人耕的田,现在只用一个人就已够用,这又岂不是机器发明工业发达以后的结果吗?

事实上,中国工业苟不发展,则农产出路也成问题。自己没有工厂,则好多农产价格必操之于外人之手。加以我们目下即不能复回从前的闭关时代,而自安于简单生活,日常需要各种工业又多依赖外人,外人计奇操纵,以贱价购买我们的农产,以高价出售其货物,结果是我们受了双层压迫,处在这种情形之下,怪不得我们要有年丰而无一饱的现象。

注重农业发展，本是物质建设之一种。然而最奇怪的，是提倡乡村建设运动的人，对于物质方面的建设，以至农业方面的改良，又往往忽略。假使有人到各处乡村建设实验区参观考察，一般提倡乡村建设运动的领袖又会常常提醒人们，不要注重于他们的物质方面的建设，而要静观他们的精神方面的动作。我们也许承认物质是精神的外表，有了精神的建设，就可以有物质的建设。然而什么是精神建设，以及精神建设的效果如何，他们又不能给我们以一个满意的回答。我国人数千年来侈谈精神建设，物质建设固因此而没有成效。精神方面又何尝有过什么成绩？

因为提倡以农立国，而农业又在乡村，所以提倡乡村建设运动的人，又标出都市人还乡村口号。照他们的意见，乡村的衰落，是由于乡村人跑去都市，这好像是例因为果。我们恐怕正是由于乡村的衰落，人们才跑去都市。现在的乡村已感人口过剩，耕地太少，再要都市里的人跑去乡村，岂非自寻死路吗？

梁漱溟先生以为乡村之锢蔽愚昧，乃由于有知识的人均奔向都市，因而提倡"知识分子到乡间去"。我们并不反对知识分子到乡间去，然而若说乡村之锢蔽愚昧，乃由于有知识的人均奔向都市，便是错误。都市是知识的重心，高等与专门的教育机关固在都市，中等以至好多较好的高小学校也是在都市或半都市式的县城与市镇。中华平民教育促进会，山东乡村建设研究院，也岂不是在都市县城吗？这是一种事实，而不能否认的。事实既是如此，假使我们而要提倡知识分子下乡，那么首先恐怕还是要提倡乡村人民到都市求知识。我国人口，住都市的不够百分之十五，而这百分之十五之有知识的恐怕没有十五分之，以之建设乡村固嫌其太少，以之建设都市又何尝过多呢！

此外又如梁漱溟先生把民主政治与乡村建设当作两种不能相容的东西，也是错误。照他的意见，中国不能施行民主政治的路。只有乡村建设的路才可以救中国。关于这一点，我们在这里不必详加讨论。我只要指出：梁先生不但忘记了乡村自治可以叫做民主政治的一种方式,而且忘记了民主政治也可以当作乡村建设的一种工作。我把梁先生所著的"村学乡学须知"翻阅之后,觉得梁先生所谓"作村学的一分子,要知道团体为重,开会必到,有何意见,既对众说,以及尊重多数"种种要点,均是受了民主政治的影响,然而字面口头上却又极力反对民主政治,这真是令人莫名其妙。

最后我愿意指出,乡村建设运动,可以叫做社会建设运动的一种;乡村建设实验,也可以叫做社会建设实验的一种。在历史上,社会建设实验并非没有的。比较显明的例子如欧文(Robart Owen)在苏格兰的新兰诺克(New Lanark in Scotland)与在印第安那的新和谐(New Harmony in Indiana)。欧文不但有了相当的经费,相当的人才,相当的环境,相当的经验,而且有了动人的理论。然而他的实验工作,也终不能免于失败。我们虽不能因过去的失败而放弃实验工作,然而实验的工作需要健全的理论,这是一般提倡或从事乡村建设实验的人,所不可忽略的。

第五章　乡村建设组织的商榷

我们现在可以再注重这个运动的组织方面，略加商榷。

我首先要指出今日关于乡村建设的机关或团体的数目太多，发展太快。我们知道：十年以前，在我国所谓乡村工作的机关，除了山西省政府的村政处，或其他一二处外，很少听见有别的。七八年前，在北方，中华平民教育促进会虽到定县翟城村从事工作，然而工作的重心，却仍是平民教育方面。直到民国十八年，平民教育促进会才致力于乡村建设工作。在华中，除了中华职业教育社于民国十五年起在江苏昆山徐公桥的乡村促进会，从事乡村工作，及南京的晓庄学校，注重乡村教育外，也不多见。至于华南，除了岭南大学农科在琼州中山各处的农场及青年会乡村服务部的片断工作，少有人注意到这个问题。大概来说，是在民国十八年以后，乡村工作的团体，始如春笋初发。到了民国二十二年，乡村讨论会在邹平开第一次集会时，这种团体之参加者，有了三十余个。到了次年在定县开第二次集会时，到会团体有七十余个。此外尚有好多团体没有参加。据好多人说，二年前，在南京关于农村复兴的机关，已有五十余个。又据实业部民国二十四年报告，全国关于这种团体，有了一千零五个。这个数目乃是实业部调查所得的，也许尚有好多团体，不计在内。

乡村建设团体数目之多，发展之速，从一方面看起来，好像是这个运动的很好现象，然而从别方面看起来，却也是这个运动的危险预兆。其实这种危险预兆，就是从事乡村工作的人，也未尝否认。三年前，梁漱溟先生在乡村工作讨论会第一次集会时已提醒大家道："请大家格外小心，乡村事业实在发展太快，勿以救济农村而损害乡村"。二年前，晏阳初先生在乡村工作讨论会第二次集会也说过：

今日乡村建设运动的风起云涌，……可以说是乡村建设的极好现象。但同时不能不为此运动担忧，盖深恐热烈过度，忽略了实际，如已往一般的运动，同归消沉也。

我在"乡村建设运动的将来"一文，已经指出今日一般所谓乡村建设，很多名不符实，因为能够埋头苦干，实事求是的团体，实在很少。有好多人与好多团体，从来没有丝毫注意到农村问题，可是一听到乡村运动，是一种新运动，于是立刻改变方针，更换名义，以从事乡村工作，推进乡村运动；然而事实上，他们不但好多对于乡村建设没有相当的认识，充分的诚意，以致没有好的效果，并且连他们已往所作的事业，也多付诸东流，置诸脑后，而致完全废止。其更甚者，是见得自己本来所作的事业不能久持，就要失败，以至无路可跑，于是也利用乡村建设运动这个招牌，以掩人耳目。名义是扩充范围与工作，实际是一种卸责的烟幕弹。有些也许因为没有事作，故也标起乡村建设的招牌以相号召，怪不得杨开道先生在民间半月刊二卷一期"我为什么参加农村工作"一文里，劈头忍不住的说道：

中国改造运动的方式，已经由上层而下层，由都市而农村了。此中不少投机的份子，无聊的举动，因此也就引起外界不少的误解，不少的批评。

事实上既有了不少的投机的份子从事乡村建设工作，那就不能怪得外界不少的批评，也不能说这种批评就是误解。杨先生又接着说道：

虽然农村工作同志曾有口头的解释，书面的宣言，然而认识的朋友和不认识的同胞，还有不少怀疑的地方，非难的地方。

乡村建设工作是一种实际工作，照我个人的愚见，实际工作的试金石是实际的功效,有了实际的功效,既用不着口头的解释,也用不着书面的宣言。假使大家都没有实际的功效,一般投机的份子固是很可恶,就是真心做事的份子,恐怕也免不了"徒劳无效"。

乡村建设运动的目的,是为救济乡村,帮助农民,然而今日好多提倡乡村建设运动的团体,正像我已说过,差不多要到了专为维持工作人员保持乡建机关而工作的地步。关于这一点,我愿意把马伯援先生在《民间》半月刊二卷十一期所发表"今日农村运动的问题"一文里一段来说明:

旋记者离却湖北的农村运动,又从事东京青年会的社会事业。我辞职原因,当然照例说病,而我的病并不是什么糖尿,或什么血压,只是精神不快已耳。何谓精神不快?我办的是合作社,当然对象是农民。但我日日接见的不是农民,却是找差事的穷朋友与苦学生。我们的主张当然是生产,是给农民找饭吃,而我们所办的事,却多半为自己的伙伴找饭吃。

我不知道今日所谓乡村建设团体之处在这种环境的,有了多少,我不知道今日之能如马伯援先生之热心从事乡村工作的人有了多少,我更不知道今日之能如马先生愿意承认失败的人,又有了多少。

其实,机关太多,不但在工作方面有了不少的重复,而且往往互相推诿牵扯。孙则让先生在乡村工作讨论会第二次集会对于这点也曾说过:

中国普遍情形,都是骈枝机关太多,人力钱力极不经济,而且互相推诿牵扯,如南京关于复兴村的机关,竟有五十七个,可谓多矣。

孙先生这里所指的是城市里的乡村建设的机关,他以为"今后的改革,第一步是要将经费大部分用于乡间,城里的办事组织,愈简单愈好"。这种建议,是有相当的见解的。然而我们同时还不要忘记,现在好多乡村建设实验区的组织,也很为繁杂,我们试一把山东乡村建设研究院在邹平以及菏泽各处的各种组织,或中华平民教育促进会在定县以及其有相当关系的各种组织，就能明白他们的团体组织，并非简单。至于在各乡村里的种种团体组织，至少从一般乡民看起来，总是太过繁杂。比如在邹平的村棉运销合作社与总社的关系，以及每村里的各种团体的关系，有的因为指导方面本身的缺点，有的因为村民的认识能力不够，所以每增不少的麻烦与纠纷，然而组织本身的杂复与不健全，也是发生问题的一个主要原因。

乡村建设运动在目下看起来，还未超过实验的阶段，照我个人的愚见，从事乡村工作的人，好像应当用全力在实验工作上面，不当在实验工作尚没有什么成效之前，已竟事推广工作，而使人才经费两方面，徒增困难，鲜有实益。譬如中华职业教育社除了徐公桥的实验区以外，在江苏浙江各处，参加实验区的工作，还有十余处，这种热诚，也许可嘉，然而我怕正如晏阳初先生所说："深恐热烈过度，忽略了实际，如已往一般的运动，同归于消沉也"。

今日一般之从事乡村建设者，有不少是以县为实验工作单位的。县本是我们的政治组织的根本与较小单位，从政治改造，或地方行政方面来看，以县为试验的对象，固有相当的理由，从乡村建设或社会改造来看，未免太过勉强。因为从一方面看起来，县既嫌太小，从别方面看起来，县又嫌太大。

其实，县政苟能办理得法，则乡村当然受其利益；而所谓县政，又非专指政治方面，而乃社会各方面的建设与改良。比如民国十八年十月二日国民政府公布的区自治施行法，每区应办之事务范围很广，举凡户口调查，土地调查，道路，桥梁，公园及一切公共土木工程建筑修理，教育、保卫、体育、卫生、水利、森林、农工商业、垦牧、渔猎、合作社、风俗改良、育幼养老、济贫救灾、公营事业等，比之目下一般人之提倡乡村建设的事务，并没有什么分别。假使从事乡村建设运动者，对于乡村各种建设没有特殊的贡献与成绩，则其结果并无异于各级地方政府机关所办的事务。

今日所谓乡村建设实验区所办理的事务，大略分为农业、教育、卫生、保卫、政治数方面。实验区的农业试验，与各大学农科或政府的促进农业的机关，也没有什么分别。关于保卫方面，专靠一县是不行的。从前河南镇平与近来的山西晋西之受土匪……的蹂躏，就是显明的例子。至于教育的重要，各县各乡，以至各村无不注意，而且应该注意；实验区极力提倡，非实验区也不应忽略。又如政治制度的改良，只是地方政府分内的事，医院的设备及卫生的管理，也是地方政府所应办的事。

好多提倡乡村建设运动的人，对于人才的训练，很为注意。比如晏阳初先生且宣言："中国农村运动若不从训练人才方面着手，眼见就要失败"。照这些领袖看起来，乡村建设的人才，是一种特殊的人才，而特殊人才，是要特殊的训练。因此之故，好多所谓乡村建设试验区，差不多全副精神，都放在人才的训练上。从前的河南村治学院，现在的山东乡村建设研究院，以及其他好多处都是这样。正如梁漱溟先生所谓："同人大部分精力耗于研究训练两部学生之学业上"。此外还有好多学校，因为受了这种运动的影响，要变换方针，注重乡村建设。如近来山东的师范学校，改为乡村建设师范学校，就是很好的例子。

我们以为乡村建设，只能当作国家社会建设的一方面。乡村建设的人才，根本并不大异于国家社会一般建设的人才，受过相当的教育与有了专门的知识的人，只要有志向到乡村去工作，也能建设乡村，所以乡村运动既不当太过注重于特殊的人才的训练，更不必提倡去把已有的普遍或专门学校改其制度，而加以"乡村建设"的字样。

何况今日一般之从事乡村工作的领袖与专门人才，又何尝受过特殊的乡村工作的训练。假使训练特殊的工作人才是像晏先生与一般的领袖所说，那样重要，那么就怪不得今日乡村建设运动，有了不少已经失败，或将要失败，因为一般之从事乡村建设工作的领袖，自己就没有受过这种训练。

事实上，今日好多所谓乡村建设训练团体机关，不但没有什么特殊之处，而且却有成为一种特殊阶级的趋向。提倡乡村建设的人，每每指摘目下的教育制度的缺点与不实用，然而所谓乡村训练的机关，偏偏也走这条路。这一点黄庆先生在寄梁漱溟先生书里（《乡村建设旬刊》十七十八期合刊），已经说过，今录之于后：

生言至此，未尝不翘首而遥念吾邹平数百之青年学子矣。……凡今日之学校其靠政府以成立者，学生入学之后，其心理终不免有成为一种公务员的暗示，一也。招生入学，此种招生办法实极无理，吾何为而招之，彼何为被招而来，其间真有甚难言可笑者，古人所谓礼云来学，不云往教，今之招生办法，则往教亦说不上，如此而成师生的关系，盖亦滑稽之至矣，邹平今后亦不能不招生，此问题将如何解决耶？二也。既成学校，则必有好多功课，必靠其功课的成绩，以判其及格不及格，此又无形中鼓励学生向知识一路，人生行谊之谓，终为附带条件而已，三也。凡此三点，生甚疑之，亦愿吾师细审之，呜呼！慎之始，慎之终，始作也简，将毕也巨；可不念哉！

我们也许未必尽能同意于黄先生的怀疑，然于乡村训练学校之自身矛盾，已可概见。黄先生不但是一位热心于乡村工作的人，而且亲率学生以耕作以食，以养以教，我希望一般之提倡乡村训练教育的人，不要忽略他的话。

又如乡村工作讨论会是国内从事实地乡建事业者一工作报告团体，该会感觉到"我国社会通病，于多一事业之进行，侧重组织，忽略事功，高谈计划，不务实际"。然而据《乡村建设实验第二集》集会经过里告诉我们，在开会两天连接的报告中，有了一种倾向，就是大多述说各团体的功绩，和他们是怎样努力乡建，怎样的认识乡建，对于实际问题似乎很少很少提出。大概也是因为这个原故，所以才引起代表山东民众教育馆的屈凌漠先生，忍不住的到了讲台上，大声疾呼：

这种情形是错误，是给来赴乡村工作讨论会人以失望。实际工作的人，是不需要种种口头的宣传，或者文字的宣传的。即如各机关各团体所出的印刷品，只是你出给我看，我出给你看，对于农民本身，对于乡建本身，丝毫无用处。我们来赴会的目的是：（一）实际工作上发生问题，求得解决；（二）乡村建设前途得到指引；但这个会是不能给与解答的。农民在水深火热中，怎样的急切待我们去拯救，而一些机关实验团体，还说慢慢的研究一套一套的实验，有了结果，又推行出去，理论是好听，然而乡下的人们是等不得了。

我愿意再用乡村建设实验第二集的集会经过一篇里（页三十）几句话以为结论：

屈先生……提出来的问题是很实际的，任何努力于乡村运动者，似乎都应该把屈先生的话考量一下。

第六章　乡村建设方法的批评

乡村建设运动在组织上固太过复杂，在方法上也太过参差矛盾。关于组织方面的复杂，我们在上面已经说过，现在且来谈谈方法的参差矛盾。

提倡乡村运动的人，有些如定县的领袖们，以为要从教育下手；有些如镇平的主持人，努力在保卫方面；有些如数年前的山西政府，以为要从地方政治做起；有些如近来的山西当局，又主张从土地村公有做起；有些如金陵农学院，特别注重种子改良；有些如燕京大学，好像注重社会方面的改良；有些致力农村合作；有些提倡农村工业；此外又如邹秉文先生以为农村工作，应提倡乡民爱国；沈昌晔先生以为乡村建设，应留意集体农场；梁漱溟先生以为这种运动，要先着重在"推动社会组织乡村"；严慎修先生以为这种运动，不要忽略"古乡饮礼与古乡射礼"。

在理论上，一般提倡或从事于乡村工作的人们，也许侧重在某种方法，然事实上却不一定是这样。比如：定县虽着重在教育方面，然而实施工作时，他们又觉得："建设是个政治问题，如果政治责任不愿建设，或者不许建设时，怕是谁也不好建设；如果政治责任者懂建设而又愿建设，以政治的力量去推动农村建设，那是件比较快当的事情。"因此定县的领袖们，又觉得不能不拿定县的政治权力过来。平民教育促进会之外又有河北省县政建设研究院，晏阳初先生既是平教会的主任，又是研究院的院长。在一方面看起来，晏先生及其同志有了政治的权力，在建设上应当有了效率，然而从别方面看起来，乡村工作的领袖，却又因此而难免跑入政治的旋涡。假使人民与高级政府对于晏先生与其同志在政治上的设施，不能满意而使他们的政治地位有所移动，那么免不得也要影响到他们的乡村工作方面。

听说几年前，晏阳初先生曾在南京见过蒋介石先生。蒋先生说，要把定县乡村实验工作收回政府办理，晏先生的回答是，假使政府为乡民为乡建着想，请蒋先生不要用政府名义去办乡村实验。一方面不要政府染指，而别方面又要取得政权，晏先生和其同志的苦心固有可原，然而这种矛盾及其困难，却是一件显明的事。

又如梁漱溟先生在民国二十三年八月十二日大公报所发表的"乡村建设与教育"一文，也说过"我们原初，谁不想办教育，但往前探求，我们的途径到今来已不觉走上社会教育一条路"。可知梁先生在事实上所作的工作，与其原定的方法计划，是不相同的。其实梁先生在乡村工作讨论会第一次集会报告山东乡村建设研究院工作时，已经指出他们数年来大部分的精力耗于研究训练两部学生之学业上。质言之，他们目下所做的工作，还是教育的工作，而非纯粹的乡村工作。

梁先生目下的工作，既跑不出教育一条路，可是他在日本东京中华青年会演讲"我国乡村运动"（《天津益世报》二十五年五月十日）又主张乡村建设，要从政治入手。他说：

我自己的办乡村工作的动机，与旁的朋友们不大一样。国内办乡村工作的，最多是由乡村教育转来的，如陶知行的南京晓庄师范，定县是由平民识字运动而起，无锡师范及职业教育改进社都是。我的动机是注意到政治改造。我在十四岁时，中国初有学堂，那时有那时的国难，那时也有青年爱国运动，由此注意政治改造，也曾经跟着光绪末的立宪及革命运动跑过。一九一一年民国成立，可是政治仍不见有所改造。在各种烦闷里，所得到的一种认识，一种感觉，便是阻碍政治的改造的，不是几个军阀，也不是袁项城，而是大多数的人民，没有新的政治习惯。所以如欲政治改造，必须培养少数国民的新的政治习惯，因此乃想到从小范围的乡村自治入手，因此很热心乡村自治。以前用村治二字，也许日本报章上现在还用着，多少含着乡村自治的意想，以后为防杜撰之讥起见，便没有用，所以我的动机，是由中国政治烦闷转出来的一种要求，后来慢慢展开扩大。

　　梁先生之所以就山东乡村建设研究院院长兼邹平县县长，以及主张以乡学村学以替代从前的乡公所村公所，大概是要从政治改造入手罢。然而梁先生这数年来的精神既放在教育方面，那么他在政治方面的工作又怎能兼顾呢？而且梁先生又好像是与晏阳初先生一样的虽要操纵政治权力，却又以为政府对于乡村工作不应当有所染指。其实他不但不要政府来染指，他简直觉得政府是直接破坏乡村的力量。梁先生在《乡村建设旬刊》第二卷第三十期"乡村建设是什么"一文（二十二年五月二十一日）已经说过：

　　昨天看报上，行政院汪院长的谈话有"政府深切觉感中国最急要之事，无逾建设，建设中最急要者，尤当以农村复兴为中心"等语，其大体意想，自是很对；可是我们要借此申明一句，中国现在在南北东西，上下大小的政府，其自身皆为直接破坏乡村的力量，这并非政府愿意如此，实在它已陷于铁一般的形势中，避免不得，乡村建设的事，不但不能靠它，并且以它作个引导都不行。

　　然而梁先生在这里又不但好像忘记了他从前所参加的河南政治学院是政府委托的机关，就是现在的山东乡村建设研究院以下及邹平县的县政府，也是山东政府所委托而设立与指导之下的机关。质言之，前者只是后者的一部分，一种附庸。假使政府的自身而是直接破坏乡村的力量，难道山东乡村建设院邹平县政府就不是直接破坏乡村的力量吗？一方面主张乡村建设不应依靠于政府，不应受政府指导，一方面是偏偏依靠于政府受政府的指导，要政府去津贴，这又岂不是一个很滑稽的矛盾吗？

　　不但这样。梁先生在日本东京中华青年会的演讲词里又说：

　　现在恐怕我们眼前的不只是一个政治问题，而是整个的社会构造重新建立问题,我们现在已渐渐离开单纯政治问题,而意识到转移到整个的问题了。

理论上,现在有好多提倡或从事乡村建设运动的人,同梁先生一样的逐渐感觉到教育经济政治等各方面都要并重,然正像李石曾先生所说:"事实上慢慢的总要发生偏重一方面的弊害,偏重了教育,往往可以叫短衣的农民变为长衫的农民;偏重了自治,则往往因为要叫政治农村化反而倒把农村政治化了;偏重了经济,也有扶东倒西的不便。"

在李石曾先生虽觉到事实上所发生偏重一方面的弊害,以及事实往往背乎理论而弛,他个人仍"主张不偏重任何一方面而注重于平均的发展。然而李先生同时又说:"乡运者单做政治以外,社会以内之事"。这岂非打破了平均发展的主张吗?所以怎样使理论的方法与事实的方法能够一致和谐,又是乡村运动上一个很重要与很困难的问题。

关于乡村建设各方面的平均发展的不容易,罗卓如刘廷芳两位先生在乡村工作讨论会第二次集会报告内乡村建设工作里说得很详细,今且抄之如下:

过去地方事业,是由自卫入手,办理自卫式的地方自治,虽是时势逼迫着,不得不走这条路,所得结果仅是脱出骚动的形态,进入安定的现状。人民的自觉力和自动力仍觉着较差。至于顾及社会整个性的推动乡村建设,尚谈不到。绕来绕去,绕不出一个政教养卫合一的要求,对于壮丁训练,就经过三个时期的转变:第一个时期是想扭民团走向生产化,教育化,建设化的大道,然而事实不像理想这么简单,于是有第二个时期的转变,转变后又觉力量太薄,不能深入农村,于是又有第三个时期的转变。就理想上说,现在小队长是民众学校教员,同时又是补导保长的保长,第二联队副是该联队的民众学校校长,同时又是辅导联保主任的第二联保主任。保长和联保主任,工作有不力者,将来就以小队长联队副,任保长和联保主任。同时各处小学教员又是训练过的,要他辅导着小队长联队副共同推进地方事业，这么一来，不就把政教养卫扣合起来吗？然而又发生了问题，整个建设方案，如何决定？这一套连锁的方法，又如何研究？这个大前提得不到解决，联队副小队长等下乡的时期，那当先作？那当后作？推动这一件事，又怎样能够叫那一件，同时动起来？

所谓乡村建设工作，从目下看起来，至多也不外是一种尝试或试验的工作。然而一般提倡乡村建设工作的领袖，如晏阳初，梁漱溟，以至孙伏园先生们，老早就已大声疾呼，极力宣传，乡村建设运动是救民族兴国家的唯一途径。梁漱溟先生在其《中国民族救济之最后觉悟》一书，孙伏园先生在其"全国各地的实验运动"一文（《民间半月刊》一卷一期），都极力指摘以往各种民族自救的运动的失败与缺点，而归结到今后的民族的唯一的出路，是乡村运动。我们的意见是，假使这个运动是民族自救的唯一与最后的运动，那么试验的工作是用不着的。反过来说，乡村建设运动，既还在试验的时期，那么试验的结果，是否能够成功，是否能够推行，均是疑问。在这种疑问尚未解答之前，就说这种试验是救国的最后觉悟，唯一途径，这岂不是一个错误吗？

其实这种实验工作，能否成功，固是疑问，而一般提倡与从事于乡村实验工作的人，以为这种实验工作，乃一种科学的实验工作，更使我们怀疑。近来好多人，因为见得在自然现象里有所谓科学方法，实验方法，于是对于社会运动，也欢喜应用科学方法，实验方法。我们虽不反对这样的应用，然而"科学方法"，"实验方法"这些名词之被人滥用，是无可讳言的。社会现象是否能够应用自然科学中的科学方法，实验方法，还是一个疑问。然而社会运动者，却已宣布他的方法是科学的，实验的，这都未免陷于神经过敏。社会现象总算不是变化无常，然而常常变化，是无疑的。纵使所谓乡村实验者，能够找出一个方法或一套模样，然而能否适于常常变化的社会，也是疑问。

不但这样，乡村实验工作之发达，虽是近数年来的事，然这种工作的历史，却比较为早。米迪刚与晏阳初先生们在定县的实验工作，岂不是有了三十多年的历史吗？然而二十余年来的定县的实验方法，试问有了那一套是有功效的呢？

我们不但怀疑提倡与从事乡村运动人所用的实验方法，我们还且怀疑他们以一县或一乡以为单位的方法。乡村运动的对象，是中国整个乡村。这种工作，到今还只限于一县或一乡。然而提倡从事于这种运动的人，还且标出什么定县主义，邹平主义等等单位主义。在某种意义上，我们也许不反对以一县或一乡为工作的起点，可是我们也要知道，一乡是与他乡有关系的，一县是与他县有关系的，同时，一县一乡不但与一省他省以至全国有了关系，就是和了世界各国都有关系。从这一点看起来，不但一乡或一县的工作，从国家的立场来看，实在有限，而且这一乡一县的工作纵算有了不少成绩，于整个国家也未必有补。我在这里愿意抄了章元善先生一段话来解释。

像（定县）东建阳这个村子，经济虽不景气，人民还能安居，充满新气象，这一点小小成绩——代表平教会多年的经营——是经不起大兵们一天的光临的呢。

我们还可以把实例来说明，镇平在民国十六年间，得了彭禹廷先生创办民团，对于土匪肃清，虽有成效，然十八年彭先生离了镇平，土匪猖獗，县城失守，损失更大。……我们的意见是，假使这些琐碎的一乡或一县的工作，尚且不能维持，要想以之来救国，是很不容易的。

最后，提倡与从事乡村建设运动的人，每每以为实验工作要在一个标准乡村或县镇里从事。中华平民教育促进会之选择定县，山东乡村建设研究院之选择邹平，皆以为是合于所谓标准区的条件。他们的理论是乡村与都市不但不同，而且处于相反的地位。质言之，都市是破坏乡村的力量，所以乡村的建设，不但是自有其特殊的方法，而且要离开都市的势力范围。

我们以为他们这种观念，是错误的。他们忘记了今日之主持乡建工作的人才，乃多来自都市；他们忘记了今之供给乡村工作的经费，也可以说是多来自都市，都市在今日是人才和经济的重心，乃是一种事实。都市既已为人才和经济的重心，而且今日的乡村建设工作的人才与经费又多来自都市，那么都市不但不是乡村之敌，乃是乡村之友了。都市既是乡村之友，为什么乡村建设工作，不能在都市附近，而必离开都市较远才行呢？

第七章　乡村文化与都市文化

在《大公报》十月十三日登载乡村工作讨论会在定县开幕详记里，我们找得梁漱溟先生下面一段演词。

……乡建的目的是：（一）从中国固有的历史，演变下来的，使中国成为高度文明以乡村为主体为根据的社会；（二）西洋的近代文明，与中国固有的文明，结合演成今日状况。西洋的都市文明、工业文明，与中国的乡村文明，农业文明，两相接触，改造一种新的环境，在不断的转变之下，成为今日中国民族自救的运动，成为我们今日的乡村运动。我国经过不少运动，惟此运动，切重实际，亦可谓之最后的运动。已往诸运动。初起时亦呈风起云涌之势，但渐渐失败。……中国原以农业立国，自受西洋工业文明影响以后，也想走入西洋之路，但未走通；如已走通，固无需再有今日乡建运动矣。如日本因种种条件适宜，故摹仿工业文明而成功，走上了工业文明，都市文明之路，所以无需有乡建运动，农村受都市压迫过甚，故偶然的需要救济，但谈不到建设。我们因无路可走，才走上乡建之路，开辟别一个新路线，以农村为主体来繁荣都市，……开辟世界未开辟的文明路线，以乡建工作为民族自救的惟一出路。

在梁先生这段话中，可以商榷之点很多，但我在这里所要讨论的是：他以为西洋文化是都市文化；中国文化是乡建文化，而且这两种文化接触起来，就会产出一种中西合璧的新文化。

我们的意见是：所谓都市与乡村，从文化的观点来看，不但是在性质上，不过是文化很多方面的两方面，就是在发展上，是要在文化较高的社会里，才能发展的。因此之故，在一般经济学者所谓渔猎以至畜牧时代的社会，城市固是难于发生，连了梁先生所谓以农业为基础的乡村，也是难于发生。

不但这样，乡村的发展，固多依赖于农业，然而有了农业的社会，也未必一定是以"乡村"为社会的基础。比方南方好多的苗黎和南洋好多的土人，所住的地方，彼此相隔很远，往往在很远的距离中，才能看见一家茅屋。所谓乡村固是少见，就是三五个家庭聚居一处，也不多有。然而这些人们，大多数是靠着农业为生，同时他们的农业知识和经验，未必是低过我们所谓以农立国的国民。

同样，都市固是工业的展览处，可是在都市尚未发生或尚未发达的原始社会里，工业也许已经很进步了。比方美洲土人所制作的土器，非洲土人所铸造的铁具，苗黎的刺绣，以及他们或其他的原始社会的人们，在工业的其他方面的出品，在人类文化史上所占的位置，都很重要。

都市与乡村既不只是文化很多方面的两方面，而且是要在文化发展较高的社会，或是某种特殊的文化的社会里，才能发生或发达；我们就能容易明白文化可以概括都市与乡村，而乡村与都市却不概括文化。梁先生以都市与乡村来范围文化，已经不合逻辑，何况就算都市与乡村可以范围文化，则西洋文化既不只是都市文化，中国文化，也非只是乡村文化呢？

原来西洋现代的文化，并非突然的发生或创造出来的。他是经过好多年的时间，和费了无数人的精神劳力，一点一点，和一步一步的累积而成的。所谓二十世纪或十九世纪的西洋文化，不外是十六、七、八诸世纪的文化的伸张，而十六、七、八诸世纪的文化，又不外是从西洋文化发生以至十四、五诸世纪的文化的果实。都市是文化特性之一，当然也是像文化一样的发展而来。所以从大体上看起来，西洋的都市历史，也有了几千年的久远，然而从其发展的速度方面来看，这种速度很快的增加，是十九世纪以后的事情。我们知道，一八〇〇年法国人口过十万的都市，不过有三个。在那个时候，纽约大约只有六万人；伦敦不过十四万左右，巴黎是欧洲的重心，也不过是五十万左右；芝加哥到了一八三〇年，还不过是一个百人左右的乡村。此外在今日所谓为大都市，在一八〇〇年有的还是荒丘旷野，有的还是穷乡陋邑。所以一八〇〇年以前的西洋的人民，差不多百分之九十都在所谓乡村里过着他们的生活，我们若用了梁先生的名词来说明西洋文化，那么这时候的西洋文化，岂非也是乡村文化吗？然而一八〇〇的西洋文化，老早已进入了现代文化的时期。

就是十九世纪中叶的西洋都市，有了一百万人的，固不易找出来，有了五十万以至十万的，还是无多。纽约成为美国最大的都市，人口至多也不过五十万左右，芝加哥只有一万；巴黎据说有了一百万，可是在法国那个时候，百分之八十的人民，是乡村的居民，于是可知西洋的文化不只是都市的文化。

而且事实上，近百余年以来，西洋的都市固是发展得很快，西洋的乡村何尝又没有发展呢？一般浅见的人，见了纽约、伦敦、巴黎、柏林、芝加哥的人口，在这个时期里增加了好多倍，他们忘记了西洋各处的乡建的人口，在这个时期里，也增加了不少。举一个例罢，一八〇〇年的英伦与威尔斯两个地方的人口，总数是九百万，住在都市的有三百万左右，住在乡村的约有六百万；到了一九〇〇年这两个地方共有人口三千万，住在都市的约二千万，而住在乡村的约一千万。这个统计，虽也指示都市的发展是较乡村的发展为快，但是我们所要特别注意的一点是：乡村并不因都市的发展而零落。反之，乡村的人口，也差不多增加了一倍。何况事实上，今日之所谓都市，大多数是从前的乡村；所以表面上，我们虽说村发展和都市发展有了分别，事实上，所谓都市的发展，差不多就是乡村的发展。

同样这般浅见的人，只见得新的都市，在这百余年以内，增加不少，他们忘记了在同样的时期里，新的乡村也增加了不少。他们只见得西洋在这百余年来，都市的物质文化，进步得很快，他们忘记了西洋在同样的时期里，乡村的物质文化，也进步得很快。他们只见得都市人口增加较快，乡村人口增加较迟，以为后者就被前者压迫，他们忘记了机器发明以后，从前要十人来耕一幅地，现在只用一个人就够了；他们又忘记了，交通便利以后，所谓乡村与都市的界限，已不像从前那样的清楚，居住乡村的人，固有不少跑去都市，然而居住都市的人，也有不少的跑去乡村。

再从西洋文化的性质上来看，一般人——梁先生也在内——都以为科学及民治为西洋文化的特征，但是科学对于都市的发达上固有不少的帮助，其对于乡村的发达上，又何尝没有很大的贡献？例如交通上的种种便利，与其说是有益于都市，不如说是更有益于乡村。至于民治精神与制度之发达，差不多可以说是以乡治国的表征。在帝王专制的时代，政治完全取决于国都与都市，在民治时代的国家，政治主权，是要在一般民众的手里找出来。现代国家的乡村的民众，既还占相当的数目，则乡村之在政治上的力量，也是不可忽视的。

上面是说明西洋文化不只是都市文化，我们现在可以解释中国文化不只是乡村文化。

《易》云，"日中为市"，这可以说是中国都市的起源；《周礼》里"国"与"鄙"每相对称，"鄙"是指着乡村，而"国"却可以说是都市。至于《管子》说"野与市争"，已经证明市的位置的重要，又如《羊傅宣十五年》何注文说，"春夏出田，秋冬入城郭，是指出都市不但是政治工商的中心，而且是农民的秋冬两季的寄托所。至如秦的咸阳，汉的长安的位置的重要，更不待说而可以明白。汉代文化的中心，是在黄河流域，故史记货殖传载长安以外河南有七个大都市，直隶、山东、山西、安徽诸省各有两个；南方文化较低，故都市之见于货殖传者，仅江苏、湖北、广东各一。于是可知中国的文化，从来就不只是乡村文化。而且从货殖传里的指示，我们知道文化之优高低下，每以都市之大小多少为衡。"

从汉朝到现在，朝代虽变了不少，然都市在中国文化的位置的重要，是无可怀疑的。我们试读元代马可波罗的中国游记，其所赞美歌颂的中国文化，何莫非像梁先生所说的"都市文化"？假使那个时候的欧洲人，而像梁先生一样的把文化来分为都市和乡村两方面，则读了罗氏游记之后，岂不是也要叹道："中国文化是都市文化"了！

梁先生既错认中国的文化是乡村文化，他又错认中国成为高度文化是以乡村为主体为根据。我们要问梁先生所谓以乡村为主体为根据而成为高度的中国文化，是指着那一种的文化呢？在物质方面，是不是以农业为本的乡村的农业出产呢？在社会方面，是不是以宗族为本的乡村的宗族制度呢？在精神方面，是不是以保守为本的乡村的只知有乡不知有国，有世界；只知因袭，只知复古，不知进取，不知图新的思想呢？其实中国数千年来的文化之所以停滞而不能发达的一个很重要的原因，恐怕正是因为中了这种村制度的遗毒，和受了老子、孟子的"老死不相往来"的理想乡村的影响。结果是知识固塞，科学不振，工业商业固无从发展，连了所谓为乡村基础的农业，也是沿旧蹈常，与所谓原始文化的社会的情况，相去不远。至今无路可走，迫不得已的还要派留学生到西洋去学农业，派大官红员到西洋去调查乡制，考察农政，购买农产品，移植种子。我们清夜扪心，应该惭愧万分，努力急起直追，企有与西洋并驾齐驱的一天，那料所谓乡村运动领袖像梁先生，还要在那里梦想以西洋人千数百年前所也曾经过的中国式"农村文化"，而融合于西洋的现代文化，以成为什么一个新路线，新文化，非岂可笑！

事实上，我们相信：新的文化的创造，与其说是依赖于乡村，不如说是依赖都市。上面已经说过，一般人都以为现代西洋文化的特征，是科学与民治，可是科学这件东西，差不多完全是都市的产物。同样，民治的发展也是得力于都市。法国所有的革命，都起自都市，而特别是法国最大的都市——巴黎。法国的革命是这样，别的国家的革命也是这样。在英国，在瑞士，民主政体的种子，人们虽说是他们祖宗在山林田间种下来的，然而我们不要忘记，他们的现代的民主政治，是工业革命以后才发展的，而工业革命的策源地又是都市。而且工业革命的发生，是由于机器的发明，机器的发明，又不外是科学发达的表征。

所谓现代西洋文化的特征既是都市的产物，现代西洋文化的高峰或梁先生所谓的高度文化，也是要在都市里找出来。西洋固是如此，中国也是如此。中国都市的发达，虽然比不上西洋，可是中国而真是有了高度文化，那么这些高度文化，也是"都市的文化"。我们的都市且叫做"国"，我们的乡村是叫做"鄙"，已是表示两者的文化高低不同。我们的乡人曾屡唱着："不到京城终贱骨"的句子，可是我们没有听过都市的人唱过"不到乡村终贱骨"的句子。我们有乡下佬出城的笑话，我们没有城里人下乡的笑话。这不过是就我们传统和一般人的观点来说。假便我们从我国的文化本身来看，那么无论在物质方面，在精神方面，都市都比乡村为高，为优。所以外国人来中国观光时，我们要叫他去北平看皇宫，看花园，看四库全书。万一外国人到了我们的乡下，照了几张泥屋，豚尾，人畜共处，鬼神偶像的片子回去，在西洋的影戏院里开演起来，我们马上就要抗议，以为他们侮辱我们的国体、民族。连了一般真是同情于中国一般民众生活和农村概况的外国人，若是到了像定县那样的地方，我们所给他们参观的，也不外是在县城里或是县城附近的西化的保健院，西化的农场……试问我们所谓以乡村为主体为根据的中国的高度文化，又在那里呢？是的，在定县的农场里，我们曾搜集了华北好多的家畜，像鸡像猪，和好多的农产品，像麦像棉，然而把我们这些东西和西洋的这些东西陈列在一块地方，三尺孩童，一拿两者较起来，立刻见得我们的农品的低劣。比方中国顶好的棉花，一比起美国棉花，不但是小得很厉害，而且向地生长，正像了垂头丧气的老大要死的人一样。难道梁先生所指为高度文化，就是这些东西吗？我想定县试验的领袖们，也许是不会这样想的。他们的目的，要是我的认识不错，无非是想把美国的种子，介绍到中国来。可是这么一来，他们的目的，并不像梁先生所说乡村运动和建设的目的是欲以乡村为主体为根据的中国的高度文化，加在西洋的现代文化上而成为一种新的文化；反之他们的目的是西洋化，也许彻底西洋化，全盘西洋化。

农产上的目的固是如此，其他像教育，像医院，以至像瞿菊农先生家里的火油箱做的沙发（Sofa）椅的目的，也是如此。假使他们的目的不是这样——彻底西化，全盘西化，那么定县的试验，简直没有意义，无疑的且要失败。因为他们若只是保存中国固有的乡村的文化来做他们的运动和试验的目的，那么这种运动，这种试验，在中国已有好几千年历史，用不着他们再来费了宝贵的光阴，劳苦的工夫和有用的金钱呵！

明明白白是在走西洋化的路，偏偏要说是中国的路，中西合璧的路，世界未曾开辟的路，这是谎话，这是矛盾。

我以为梁先生的最大错误，是他把"目的"与"手段"这两件东西，弄得不清不楚。"目的"是要西化，而且要彻底与全盘西化。至于如何达到这个目的，那是"手段"或方法的问题。美国的棉花，大过中国的棉花好多倍，我们要移植这种棉花来中国，使其能像美国的棉花一样，这是我们的目的。可是因为人才，智识，经济的原因，我们不能一时推广美国的种子，故用美国人改良种子的方法来改良中国的种子，或是把美国的猪种来和中国的猪种混合起来而得到一种较好于中国固有的猪种。这是一种达到西洋化的"目的"的手段或方法，而非目的的本身。若说中国的小猪和了美国那样好的猪混合起来，第二代就会有了比美国猪还要好的结果，那是一种笑话。农产如此，整个文化，又何尝不如此的。

总而言之，梁先生和我们的异点：是他要把中国固有的乡村来融合于西洋或西化的都市，而成为一种新文化；我们却要把中国的乡村西化起来，使能调和于西洋或西化的都市而成为一种彻底与全盘西化的文化。这是从目的方面来说。若从手段方法来说，乡村西化，固是要从乡村本身上着手，然而我们也要知道，科学化的实验工作，未必一定是要在乡村的。岭南大学的农场及丝厂，中山大学和金陵大学的农场，所试验的东西，好像正是定县的农场所试验的东西，何况定县的农场，也要设在定县城，或县城的附近地方。又从经济的供给，和设备的便利，以及人才的利用方面来看，试验的工作，与其分散于这么多的乡村，不如集中于数处，而这个地方，无疑的以在都市或都市附近的地方，较为得当。这样看起来，都市固不只不会像梁先生所谓是压迫乡村的仇敌，而是帮助乡村的好友了。何况事实上我们今日所谓乡村运动的人才，经济种种，差不多完全是依赖于都市呢？一般乡村居民，不但不懂"乡村运动""乡村建设"是怎么一回事，还要一般生于都市，或长于都市，或受教于都市，或居住于都市的人们，用尽苦心，出尽方法，才能不遭乡村人民的反对，得到他们的信心，然后才能开始乡村建设的工作呵！

　　最后我觉得我们现在所谓乡村运动，是最近数年来才发生的。可是这种运动之在西洋，却有了很久的历史。我们很多乡村运动的领袖，饱受西洋文化的空气，或且专在西洋研究过农村运动，究竟能否同意于我们主张中国的乡村应该彻底与全盘的西化，是另一个问题，然大家大约总不会说我们这个运动是没有受过西洋的乡村运动的影响；只有没有出过国门，不懂西洋乡村是什么的人，才会自夸这个运动，是我们自己发明的新运动，自己开辟的新路线罢。

第八章　乡村建设运动的途径

　　自民国十五年至民国二十五年的十年间,"乡村建设"这个口号,可以说是震动一时,而"乡村建设"这个运动,也可以说是蔓延全国。北至河北,南至广东,西至四川,东至江浙,不只在理论上,到处有人提倡乡村建设,就是在实际上,也到处有人实验乡村工作。定县,邹平,辉县,新造,巴县,昆山,萧山以及其他的好多地方,都有了乡村实验区的成立。有人估计到了民国二十四年为止,关于乡村建设的团体,有了一千多个,同时与这种团体有关系的农学会社,又有了一万多个,至于理论方面,除了梁漱溟先生的著作之外,出版物之提倡乡村建设工作的,也有了十余种之多,从我们的行政院以至好多省政府,县政府,区公所,对于这个运动,都给予不少的注意。

　　七七事件发生以后,这个运动,受了一个很大的打击,而各处的实验工作,差不多完全停顿。以提倡理论著名的山东乡村建设研究院,固是早已停顿,就是实验工作著名的中华平民教育会的乡村建设工作,自离开定县之后,始而迁到湖南衡山工作,继而参加四川新都与贵州定番的实验,然而因为种种的原因,终于不能在这些地方继续维持其工作。中华平民教育会后来虽在四川北碚附近,重张旗鼓,开设乡村建设育才院,可是比起其在定县时的声誉与规模,不能不有今昔之感了。

　　七七事件的发生,对于乡村建设的运动,固有不少的影响,然而事实上,就使没有七七事件的发生,乡村建设的工作,是否能够维持下去，已成了一个问题。其实，据我个人的观察，乡村建设的运动，在抗战以前的两三年，已有了日落西山的景象。敌人的侵略，我们只可以说是加速乡村建设运动的衰败，而非促成乡村建设运动衰败的主要原因。因为乡村建设运动衰败的现象，在七七事件尚未爆发之前，已经很为显明。

我个人以为乡村建设运动之所以衰败的主要原因，是因为在理论上，就有其根本错误的地方。一般提倡乡村建设的人们，都以为中国自来是以农立国，所以今后的中国，还是要以农立国。他们所提倡的乡村建设运动，也可以说就是农村建设运动，因而他们遂成为农本主义的推动者，在积极方面，他们既主张以农为本，在消极方面，他们是反对工业的发展，反对都市的发达。"作农人"，这是他们的口号，"下农村"，这是他们的呐喊，梁漱溟先生固是这样的大声疾呼，其他的一般从事于乡村建设运动的人们，也是这样极力唱随。梁漱溟先生还以为我们的工业太过落后，假使我们与欧美日本各国在工业化上去赛跑，结果是人家走十步，我们只能走一步，这样的比赛下去，我们是终必落后，而且要愈趋落后。所以我们只能从农业方面去发展，中国才有出路。

这种乡村建设理论的错误，我在上面已经指摘出来，我在这里只要指出，因为目前的工业落后而不得不主张重农，这是一错误，这是自暴自弃。我们知道，一百年前的德国工业，并没有英国的工业那样发达，然而德国人并不因此而主张重农反对工业化，五十年前的日本的工业，也并没有德国的工业那么发达，然而日本人也并不因此而主张重农，反对工业化。其实，因为目前不如人而自暴自弃，已是一种失败者的心理的表征，而况一般提倡乡村建设运动的人们，大都是一般回恋于复古的人物，欲以"以农立国""死不出乡"的传统思想，以应付现代的世界，这是愚妄，这是幻想。

然而，我们这样的批评过去的乡村建设运动，并不是说中国的乡村建设运动是不需要的，也并不是说中国的乡村建设运动是没有希望的，反之，中国的乡村建设是需要的，中国的乡村建设是有希望的。

原来中国的百分之八十的人口，是住在乡村，故乡村在我国所占的地位的重要，是无可疑的。乡村在我国的地位既是那么重要，那么我们要想建设中国，我们不能不注意于乡村建设，至于乡村建设的前途，究竟如何，主要的，要看我们对于乡村建设的理论，是否健全，要看我们对于乡村建设的方法，是否妥善。我们在上面既已指出以往的乡村建设运动的错误，那么今后的乡村建设，照我个人的意见，应该是：

以工业为前提，以都市为起点。

为什么乡村建设是要以工业为前提呢？原来我国人口众多，而土地过少，据人们的估计，我国土地约为十三万万亩，而人口却有了四万万五千万。在南方的一些土壤较为肥美的地方，每一个人有二三亩地，虽可够用，可是在北方的好多平原沙土之地，每一个人非有五亩，是不够用的。就以每人平均四亩来计算，我国所有的土地就缺少五万万亩，这就是说全国土地，约只能够三分之二的人口之用，而况在这十三万万亩的土地之中，还有不知多少的土地是不能耕种的，又况在目前的情形之下，土地的分配，并不平均，因而不知多少的农民，无田可耕，土地的面积既已很不够用，而人口是逐渐增加的，假使我们只靠农业以解决中国的农村问题，这是不可能的，反过来说，必要极力去发展工业，以吸收农村的过剩人口，才是办法。

而且因为我国的旧式工业，太过落后，外来的工业用品，不但畅销于沿海都市，而且已深入到内地乡村，中国的旧式工业既不能与外来的工业用品相竞争，那么旧式工业逐渐被淘汰，结果必使我们的一切工业用品，非用外来的不可。在这种情形之下，不只是都市经济必受很大的影响，就是乡村的经济，也必愈为枯窘。

而况进一步来看，假使工业不发展，则农业也不易发达，比方我们尽管种了棉花，但是我们若没有纺织厂，那么不只是我们需要的布料要靠外国运输进来，就是我们的棉花市价，也必受了人家的管制。结果是往往使我们以低价出卖我们的棉花，而以高价去购买人家的布料。农村的人民在这双层吃亏之下，农村之愈趋衰落，是不可免的。棉花固是如此，其他的好多农产品，又何尝不是这样呢？

其实，近代农业的发达，是依赖于高度的工业化，是一件很显明的事。农耕之需要机器，农品运输之需要便利的交通工具，以至农田肥料之依赖于新式的化学工业，都可见得工业之于农业的关系的密切。农村或乡村的建设，主要固是要看农业是否发达，可是农业的能否发达，又要看工业是否发达。

上面不过随便的举出一些理由，去说明乡村的建设，要以工业为前提。然而乡村建设之于工业发展的关系，已可概见。

在抗战以前，重农的主张，得了一般提倡农村建设运动的人们的鼓吹，使重工的主张，受了国人的蔑视。抗战以后，国人虽然很能感觉到非振兴工业，不足以复兴国家，可是一般提倡工业的人们，主要是着重于国防工业方面。至于能够指出工业的发展，是农业发展与乡村建设的必需条件，尚不多见。我们希望一般提倡以农立国与乡村建设的人们，对于这一点要特别的加以注意。

为什么乡村建设要以都市为起点呢？

我们知道，过去的一般人之从事乡村建设的，往往以为乡村建设，须从所谓"标准的乡村"下手。所谓标准的乡村，就是离大都市相当的远而具有中国一切的乡村的特特色的乡村。反过来说，就是一般之没有受过大都市的影响的乡村，中华平民教育会之选择定县为实验区，山东乡村建设研究院之选择邹平为实验区，都可以说是为了这个原故。他们以为要在所谓标准的乡村中去作实验工作，才能找出一套建设乡村的方法，而推广或应用到其他的乡村。然而事实上，这种所谓标准的乡村的实验工作，在过去的二十年中，不但不能找出一套可以推广或应用于建设其他乡村的方法，连了本身的实验工作，往往也失败了。而其所以失败的主要原因，照我个人的观察，就是因为他们不以都市为建设乡村的起点，结果是不只往往因为离开都市而在治安方面发生了好多问题，而且因为这个原故，遂使建设乡村所需要的人才与经费，也往往异常缺乏，而使这种工作难于进行。

因为交通不便，以及其他的好多原因，离开都市较远的乡村或区域，治安很成问题，这个治安问题，又并非一个乡村或一个区域的问题，而是与其他的乡村或区域的治安有了密切的关系。在甲村或甲区从事实验工作的人，在其乡村或区域之内，也许对于治安问题有了解决的办法，然而假使其相近的乙村丙村丁村或其他的乡村的治安有了问题，则在甲村的工作，必受影响而致于停顿。比方河南镇平的乡村建设工作，在民国十八年间，就因了土匪猖獗，而使一切的工作受了影响。

所以我们以为假使这种工作，若从都市而尤其是大都市的附近的乡村下手，同时利用都市的维持治安的机构，使能逐渐放大其维持治安的责任，则这些附近的乡村治安，能够充分的去利用都市的维持治安的机构以维持，那么一般从事于这些乡村建设的人们，能够安心去推动其工作，则其收效必较大得多。

又乡村建设工作，若离开都市过远，欲找这种工作的人才，而尤其是技术的人才，如医生，农业专家，至为困难。关于这种人才就是位在平汉铁路线旁边的定县，与位在胶济铁路线左水的邹平，也不容易罗致。因为这些专门人才在今日的中国的都市，以至高等学府中，尚不易找，假使一些偏僻的乡村，而欲找了这些人才，更不容易。所以假使这种乡村建设工作，若是能在都市附近，则利用了都市中的各种专门人才，比较容易得多。我们要指出我们并不主张都市中原有各种专门人才，要放弃其在都市中的固有的位置，而跑到乡村工作。我们希望的，是在他们的固有工作之外，可以利用其多余时间，以从事乡村建设工作，或是放大其工作范围，而包括了多少乡村在内。

从经费方面来看，假使一个乡村，离开都市过远，则一切关于建设上的设备，都要自置自备，那么其所用的经费，必定很大，而同时在效益上，却未必很大。比方以前定县的乡村建设工作，每年花了数十万元，以一个实验区域来说，其数目不能说不多，然而定县的一个卫生院，或一个农场，要真正办得好的话，那么每年数十万元拿来办一件事业，也未必够用，而况所谓乡村建设的工作，是多方面的。卫生与农业，只是好多方面中的两方面罢了。

总而言之，我们的意见是：这种乡村建设工作，最好是以都市为起点，先从在都市附近的乡村下手，尽量利用都市中的行政机构，如工务局、公安局、卫生局、教育局等等放大其工作范围，或另设一乡村建设委员会，再加了一个促进农业的机构，而充分的利用这些机构中的人才设备，以及都市中的其他的人才与设备，去帮忙其附近的乡村的各种工作，如治安交通卫生教育以至农业。在其办理的初期，不妨从与都市最近的乡村作起，逐渐的放大其范围。能够这样的作去，则不只不会陷于过去乡村建设运动的错误，而且必定有很大的效益。其实这样的作法，以前青岛市政府，曾经试办了好几年，而且有了显著的成绩。我愿意一般之谈乡村建设的人们，对于我们这种的主张，以及青岛的过去的经验，能加以特别的注意。

附录一　关于"乡村建设运动的将来"

自从我的那篇"乡村建设运动的将来"在《独立评论》一九六号发表以来，关于讨论这个问题的文章，在《独立评论》发表的，有杨骏昌先生的"论乡村建设运动"（一九八号），傅葆琛先生的"众目睽睽下的乡村建设运动"（一九九号），瞿菊农先生的"以工作答复批评"（二〇二号）、涛鸣先生的"此路不通"（二〇九号）、陈志潜先生的"唯一出路"（二一五号），黄省敏先生的"读乡村建设运动的将来敬答陈序经先生"（二一六号）。在《民间半月刊》发表的，从二卷二十四期至三期已有七八篇。此外在《文化与教育旬刊》，《政问周刊》，以及他种刊物上发表的，尚有很多。

这些文章，大多数是不满意于我那篇文章而发表的。不过批评我那篇文章的人，或是辩护今日的乡村建设运动工作的人，完全是一般提倡或从事于所谓乡村建设运动的人。我细心读了他们的文章之后，觉得他们所说的话，并不否认我所指出的各种困难与缺点。《民间半月刊》上所发表的好多文章，固是如此，就是批评我很厉害而尽力辩护今日的乡村建设运动的工作的黄省敏先生，不但不能证明我所指出的各种困难与缺点是不对，而且一再承认今日的乡村工作的"不到家"与"不满意"。

又如杨骏昌先生曾把所提出的各点，逐条讨论。他不但屡屡声明我所说的话都是目前乡村建设运动中所表现的事实，而且指出"现在国内各界对于乡建工作和陈先生一样看法的，恐怕还很多"。

我可以说，我写那篇文章的动机，不外是指出目前一般乡村建设运动的缺点与困难。假使我所说的话，而正是很多人所要说的话，那么我的话，并不是我个人的私见，至多也不过是说了一般普通的人们所欲说而却不说，或尚未说的话罢。

一般提倡与从事乡村建设运动的人，每每指出以往好多的运动的失败，以及现在各种运动的错误，而坚决的相信他们所谓乡村建设运动，是民族自救，国家复兴的"唯一"或"最后"的觉悟。比方，梁漱溟先生在中华书局出版的《中国民族自救的最后觉悟》一书，孙伏园先生在《民间》半月刊一卷一期所发表"乡村建设实验工作"一文，与在晏阳初先生的言论里，在瞿菊农先生著作里，都是这样看法。然而经过这一次的讨论之后，他们多数已很肯定的相信，所谓乡村建设运动，只是救国工作的一种工作。比方瞿菊农先生在以工作答复批评一文里说："即使乡村建设不是唯一的救国的路，但至少是应该努力的一种工作"。

其实一般人所谓乡村建设运动，在目前既尚未超过试验的时期，不但不能谓为救国的唯一路径，恐怕也不能谓为救国的一种办法。因为既曰试验工作，则能否成功，固是有了问题，即算能够成功，然而能否推广，也是有了问题。在这些问题尚未解决之前，正像我已说过，救济一般已在乡村里从事所谓乡村建设运动的工作人员，已是一件很不容易的事，救国救民，是谈不到的。

总之，提倡或从事所谓乡村建设运动的人，既并不否认我所指出今日一般乡村工作的缺点与困难，而又改变其本来态度，相信这个运动不是救国的唯一途径，这不能不算作提倡或从事乡村建设运动的人的一种新觉悟。

一般提倡或从事乡村建设运动的人，多以为我对于这个运动，不应持悲观态度。我的悲观是否像梁漱溟先生的那样的"不寒而栗，是否像晏阳初先生那样的栗栗危惧"。其实我之所以悲观，恐怕未尝不是受了这些领袖的暗示而来，至于傅葆琛先生以为我所抄录梁晏两位先生的话，是近于断章取义，那是很大的错误，难道傅先生忘记了梁先生所说那些话是他的报告的结论,而晏先生所说那些话是他的报告的引言吗?

我之所以感觉悲观,乃是由于近年以来的乡村建设运动,有的是失败了,有的尚在失败的途中。假使提倡或从事于乡村建设运动工作的人,不能在工作上给我们良好印象,而徒然要人们存着空洞的乐观,试问这种乐观,又有什么用处?

何况悲观未必一定是坏的。一个很有名的法国人曾说过:没有悲观,世界上不会有很大的造就。傅先生也曾说过,"失败是成功之母"。成功既能使我们乐观,失败当然会使我们悲观。

陈培光先生在《教育旬刊》八十八期所发表"乡村建设运动的前途果足以悲观吗?"一文,以为梁先生的"不寒而栗",晏先生的"栗栗危惧"全是当事人虚心自检的话,我在"乡村建设运动的将来"一文,已经指出这两位所谓乡村建设运动的领袖说的,不只是"谦抑戒惧,反之我觉得乡村建设运动之所以令人失望,原因也许很多,然而善于夸张自己的工作的成绩,可以说是主要原因之一。""乡村建设实验"第二集,纪录集会经过里有了下面一段话,证明我这种看法是对的:

在这两天连接的报告中,大概我们可以看出一种倾向:就是大多数述说各团体的功绩,和他们是怎样努力乡村,怎样的认识乡村,对于实际问题,似乎很少很少提出。

又如凡是到乡村建设实验区参观的人们,也很容易明白领导参观或主持工作的人所给人们的一个印象,多是"述说他们的功绩,和他们怎样的努力乡村,怎样的认识乡村建设"。我们知道,定县的乡村建设工作,三十年来得了不少的地方绅士与私人团体的提倡试验,以及县政府与省政府的帮忙,然而试问三十年来所谓功绩,究竟何在?所谓努力,究有何益?所谓认识,究竟何用?从事定县的乡村建设工作,人才较多,经费较裕,而年数又最久,然其结果,也不过如此,其他各处,也就可想而知了?

今日好多提倡与从事乡村建设运动的人,表面上虽好像欢迎局外者的批评（《民间半月刊》一卷一期发刊辞），然而事实上，局外人一说及他们的缺点与困难，他们却又要说道："我们不希望运动以外的君子讥评"（民间二卷二十三期）。这好像是矛盾，这好像是狭见。其实一般提倡或从事于乡村建设运动的人，好像不但不愿运动以外的人批评，还要人家鼓励他们，正如傅葆琛先生所说：

凡不站在乡建运动的人们，不但应当时时对这种运动，表充分的同情，而且应当尽力协助，并从旁鼓励，如同看长途赛跑的人，在圈外不断的呐喊着，希望着，至少他们能给予跑者精神的兴奋。

我很可惜，理性上既不许我去恭维今日一般之所谓乡村建设运动，感情上也不许我去鼓励今日一般之所谓乡村建设运动的工作。原因是这种运动既筑在一个很不健全的理论上，而这种工作不但少有益处，而且往往生出不少的弊病。正如一个气力不适宜于长途赛跑而却不自量其气力之不适宜而偏要参加这种赛跑的人，圈外人若要他勉强增加速度，那恐怕结果是"欲益反损"罢。

我的愚见是：真正的工作既不怕人家批评，真正的工作，也决不会因人家批评而失却了价值。只有有名无实的工作，才怕人家批评。然而这种工作，就使没有人家去批评，就使请人去歌颂与鼓励，也决不会增加其价值。其实若说一种称为救国的唯一途径的运动，为了一两篇批评的文章，而能破坏其前途，那好像愈显出这个运动的价值太低罢。

在"乡村建设运动的将来"一文里，我以为凡是稍能知道十余年来的乡村建设运动史的人，都免不得会觉到这种运动已有了很多失败，而且有了不少还正在失败的途上。一般不满意于我那篇文章的人，既并不否认这些事实，那么乡村建设运动的前途之未可乐观，与我之所以"颇感觉悲观"，只是自然而然的。我虽指出定县与邹平的工作的缺点与困难，然我并未断言其必定失败。可是近来一位很热心于乡村建设运动工作的朋友，却很肯定的说邹平是必定失败的。邹平是否要失败，我们在这里，不顾加以断言。不过，邹平的工作近来已经缩小范围，这是无可讳言的。

最近陈国钧先生在《中国建设》十四卷第四期发表"济南和山东省及邹平的概况"里,曾有下面一段话,我愿意抄之于下:

余由邹平回周村,途中到各农家闲谈,似乎农民对于研究院(山东乡村建设研究院),没有很好的印象。他们总说:种美棉本来是好不过,研究院未办以前,我们就种了美棉。以后就一年一年的发展,研究院所种的美棉,并不见得比我们自己种的好。养猪一项,似乎研究院的猪肥些,可以到二百多斤,不过要养一年或二年之久,而我们所养本地的猪,一年可以四次,比较还是养本地猪合算得多。此外没有看见研究院什么好处。这固然不能说老百姓的观察一定是对的,不过我总觉得研究院和邹平县政府似乎还没有深入民间,获得着百姓的同情,办乡村建设,而不得到老百姓的同情,总是一种最大的缺点。

数年来山东乡村建设研究院之向外间宣传其工作之最有(也许是唯一的)成绩的,是种美棉了。然而从这段话看起来,研究院之提倡种美棉,不但是在邹平的老百姓已种美棉之后,而且研究院所种的美棉,并不见得比邹平的老百姓所种的好,研究院的工作之在邹平的成功与失败,至少可以从这一点上知其大概。而且从陈国钧先生的话看起来,正足以证明我在"乡村建设运动的将来"一文所说:深入民间尚做不到,还谈什么建设乡村?

至于定县方面,杨骏昌先生在他那篇文章已经说道:"现在的定县平民教育会又因各势力所迫,而不得不易地试验。别起炉灶了。"以定县已有历史上乡村建设的相当基础,再加以平教会十年的努力,其结果也不过如此,"别起炉灶","易地试验",而谓其必能成功,那是不能不使人怀疑的。

其实近年来国内各处所谓乡村建设运动之衰落,是一种不能否认的事实。我们只要随便的举出几个例,便能明白。政府机关如农村复兴委员会,学校实验区如燕大的清河镇,或则已被裁撤,或则停止工作。他如金融机关慈善团体之从事于这种工作者,照各方面的观察,前途均未可乐观。最近"中国建设"十二卷五期里有一位述四川乡村建设运动的史略,指出四川的乡村建设运动已趋于日暮途穷的地步。马伯援先生在《民间半月刊》三卷十八期所发表"这一年在湖北乡间所得到的情报"一文,明白的指出湖北乡村工作的失败。马先生且说:

　　我们中国江湖式的学者与政客,借主义或学说去骗领袖,领袖爱国情深,委他去作,他的官运亨通,自己从不走到民间,实地工作,却立一个机关,或讲习所,遍布爪牙,诸事包办,有个人无国家,有官治无民治;有什么合作保甲库仓可言?完全是欺骗领袖,借复兴农村美名,为自己升官发财耳。

　　我愿意把民间编者在"编辑后记"一段话,抄来做本篇的结论:

　　马先生在本文内所说的好多事实,我们相信不致于有,但是马先生又都有事为证,我们又怎敢说他不是事实。不过我们也不愿意多说什么,我们只觉得马先生的结论——"有则改之,无则加勉",是一点不错的。

附录二　都市与抗战

自从北平首都与沿海几个大都市失守以后,"回乡运动"的声浪又日唱日高。

我们同情一般老弱妇孺回乡避难,我们赞成人们为着训练与组织乡村民众以为抗战的准备而下乡工作,可是若因为提倡这种运动而忽略了都市在抗战上的重要性,那是一种很大的错误。

第一,都市是抗敌的力量的重心。无论财政的筹措,粮食的预备,军队的集中,以至伤兵的医治等,都市比之乡村便利得多。这次于沪抗战所以能够持久,原因固多,然上海所给与抗战上的种种便利,不能不说是一个很重要的原因。在涣散的乡村里,不但这种力量与便利不像在都市里那样集中,就要想集中,往往也因为好多客观的条件所阻碍,而不能救燃眉之急。

第二,都市是交通的枢纽。交通在平时已很重要,在战时更为重要。都市不能保卫,交通必大受影响,交通的枢纽与交通线若被敌人占据,则乡村也必受了威胁。因为敌人不但能利用交通线来包围我们的乡村与切断我们的乡村的联络,且可以利用都市以为侵略我们的乡村的根据地。

第三,都市是民众集中的地方。从理论方面来看,乡村民众固要训练组织,都市民众更要训练与组织。从事实方面来看,都市民众的智识水平线既较高于乡村民众的,故在训练上的功效也当较速。至于组织方面,都市民众既较有经验,较有基础,那么进一步而作较为完密与较有力量的组织,也当较为容易。就使都市不幸而被敌人占据，则将来反攻时有了训练较好组织较好的民众以为内应，其功效也必较大与较速。

第四，都市是我们的精华所在地。因为都市是工商业与文化其他方面的萃集区，这些精华无论如何不能完全离开都市，至少不动产如房屋之类是不能迁移的，至如商品货物虽可他迁，然也只是从一个都市移到别的都市。质言之，工商业以及好多东西是不能离开都市而发展的，所以保卫都市就是保卫我们的工商业以及文化的其他方面，而保卫这些东西也就是保存我们抗战的力量。

总之，都市是我们的碉堡，乡村是我们的家室，碉堡不能保卫，家室也难免蹂躏。都市是我们的前方，乡村是我们的后方，前方失陷了，后方也要受威胁。都市是我们的仓库，乡村是我们的田园，仓库被人占据，田园未必能救目前之急。都市是敌人进攻的目标，能够保卫都市，不但可以保卫我们的乡村，而且愈显出我们抗战的力量。

我们不要忘记九一八夜沈阳的教训，沈阳被占之后，东北的义勇军与游击队未尝不努力，未尝不活动，然而曾几何时，东四省竟在敌人铁蹄之下，我们更不要忘记自上海失守以后，不但苏皖浙都被了波动，在我们抗战的精神上也受了很大的影响。在抗战的时期中，物质的消耗与损失是意中事，是不能免的，然而精神的不振是国家民族前途的最大危险。没有什么防备的淞沪尚能支持数月，有了防备的都市应该支持较久。我们明白，只有持久抗战才能得到最后的胜利，然而我们不要忘记都市若不能持久，乡村也未必能持久，所以在国人高唱乡村抗战的工作的时候，我们希望国人不要忽略都市抗战的工作。

农村改进的理论与实际

江恒源 著

目 次

敬告读者 ………………………………………（71）
序 ………………………………………………（73）
一 两个名词的解释 ……………………………（79）
二 什么是农村改进 ……………………………（83）
三 农村改进的人才 ……………………………（86）
四 理想的乡村中学 ……………………………（90）
五 关于乡村改进问题的解答 …………………（102）
六 富教合一主义 ………………………………（109）
七 多元的乡村改进法及主张省县设立乡村改进综合机关
　　理由与具体方案 ……………………………（114）
八 呈请上海市教育局转呈教育部文 …………（126）
九 《六年试验期满之徐公桥》序文 …………（129）
十 农村改进之路 ………………………………（134）
十一 农村改进与农村教育 ……………………（137）
十二 关于农村教育的三个重要问题 …………（152）
十三 民族复兴与政教合一 ……………………（167）

敬告读者

一、凡读我这本书的朋友们，希望先读我一篇序文，然后再读本文！

二、我这本书内所列的文字十三篇，并不是纯粹依着作文的时期先后来排列，大概的标准，是概论一类的，排在前面，其他属于办法一类的，则排在后面。

三、这十三篇文字，既非作于一时，当然前后所表示的思想，略有变化；可是这一些变化发展的痕迹和线索，仍可以寻找得出。

四、希望读我书的朋友，读完了全书之后，能切实的摘出谬误，通函指教我一番！

五、我的通信处，上海法租界甘世东路新兴顺里六号，或上海华龙路中华职业教育社转交亦可。

著者　二四、八、二一。

序

这一本小册内，编入关于讨论农村改进的文字一十三篇，是我从民国十八年至二十四年，六年间，陆续做成的，大概在月刊上及其他刊物上，皆已经发表过。

这一类文字，有什么价值呢？做成功了，发表过了，就算完事，谁人再去瞧他呢？乃偏偏有许多要好朋友，劝我把他集合起来，刊成一册，以供全国农村工作诸同志的讨论。我想以此供诸同志的讨论，那是万万不敢；但借此以向诸同志请教，我却很愿意；因此也就不客气的，把六年来所有关于这一类文字，搜检一下，结果从二十余篇中，拣出这十三篇来，合编成一册；又因其各篇所论述的，有些是关于理论，有些是关于实际办法，于是就题他一个总名，叫做《农村改进的理论与实际》。

我本来是生长农家的，虽然，年纪大了以后，到都市去求学，到都市去服务，可是，和农村却始终没有脱离过关系。自从民国十七年夏，到中华职业教育社来，担任办事部主任的职务，光阴过得好快，于今已有七年了，这六七年间，职教社事业，顺着自然的演化，和适应社会的需求，不知不觉的，竟形成了四大主干。那四个主干呢？一、职业学校教育，二、职业补习教育，三、职业指导，四、农村改进。依我的职务来说，当然对于上列四项，皆要理会到，研究到，并且我对于这四项，皆感觉到有兴趣，皆愿意去理会，愿意去研究。不过就四项比较一下，似乎觉得对于农村改进工作，格外兴趣浓厚一些。因为这个原故，所以平常胡说瞎写的关于这一类文字，也就比较多些了。

这十三篇文字中，有一篇是民国十八年做的，题为《富教合一主义》（在本书篇次列在第六，所以不列在第一篇，因为他不是属于概论的原故），那是我对于农村改进问题发表意见的第一遭。当时我到职教社，才一年有半，徐公桥的乡村改进事业，正在积极进行，而各处农村改进事业，尚未十分发达，有了一些，大都皆在那儿高唱着"先富后教论"，以为是圣人的遗教，不会错的。我对于此点，却是有点怀疑，认为应该修正，因而有这篇文字发表。

到了民国二十年二十一年，这两年间，比较发表关于农村改进的文字却多些了（册内各篇，如一、二、三，皆是在二十一年间做成的；四、五、七，皆是在二十年间做成的。其中一、二两篇，皆是属于概论方面）。就这若干篇中所表示的意见，要把他摘要说出来，可以有下列几项：

一、认定农村改进，就是广义的农村教育。

二、认定农村改进，是完成农村自治的惟一方法。

三、认定农村改进事业，以文化，经济，政治为三大主干；并且此三项，要连锁进行，混合推动。

四、认定农村改进工作的原则：（1）要简便易行，（2）要普遍，（3）要经济，（4）要促起农民自动。

在这两年间，各处农村事业，已渐渐的发达起来了；所有互相参考的材料，既比从前增多，而各方工作同志的兴趣，也比从前浓厚。我在这个时候，也就开始到各处去参观，到了一处，皆要和各同志讨论些实际问题。可以说以上各项见解的确定，固然一半是由于自己体验得来；一半也是和各同志讨论的结果。

那末，我又发急起来了：既认定农村改进事业的重要，究竟用什么方法，才可以把他推行得普遍；并且能使他办理起来，适合于我们的理想，不致鱼目混珠，或瞎费金钱呢？因此，第一，便主张造就农村改进人才；第二，便主张多元的推进，希望社会团体及省县政府机关，一齐活动，一律参加。因此在二十年有一篇《理想的乡村中学》文（篇次列在第四），和一篇《多元的乡村改进法及主张省县设立乡村改进综合机关理由与具体方案》文（篇次列第七），前后发表。在这个时候，中华职教社，已经小试其端，在徐公桥招收了十位学友，设立一个"乡村改进讲习所"的特殊教育机关，我是每星期到所讲演一次，册内有《关于乡村改进问题的解答》文一篇（篇次列在第五），就是在所内讲演词，由学友笔记下来的。在这篇讲演词内，已经把个人确定的意见，表示出许多了。

关于讨论造就农村改进人才问题，除前述讲演词外，在册内还有《农村改进的人才》文一篇（篇次列第三），这是从一部《职业教育之理论与实际》的全书中抽出来的，亦很值得一看。后来到了二十二年秋，职教社竟在上海漕河泾地方设立起一个"农村服务专修科"来了，招收受过高中教育，且具有农村工作经验的青年三十余人，切实训练，两年毕业；同时职教社又接受"鸿英教育基金董事会"的委托，代办鸿英乡村小学，先招收小学教师十五人，设立"鸿英小学师资训练所"，地点也是在漕河泾，因此把两方学友，合并起来，组成一个"漕河泾农学团"。当时我曾替职教社起草呈文一篇，说明这种教育主旨及办法（篇次列第八），这种教育，总算是独出心裁，与一般传统教育办法大异其趣，我当然也是主持这种特殊教育的一人。这一班团友，到今年（二十四年）夏天，已经完全毕业，分别到各处服务去了。

在二十二年一年中，关于农村改进的文字，册内选入的，只有一篇，而且篇幅也很短，题为《农村改进之路》（篇次列在第十）。本来我在这一年中，做这一类的文字不多，可是，这一篇很短的文字里面，却表示出次列四种重要主张：

一、主张用政治力量，来推动改进工作。

二、主张尽力推广民众教育，注重训练青年农民。

三、主张努力推行乡村间的合作社。

四、主张以乡村小学为推进民教及合作事业的基本。

这四种主张的确定，可以说也是四五六年来由一层一层艰苦试验中得来的。

到了民国二十三年，中华职教社原定六年试验计划的徐公桥改进区，期满了，社内主管人员，编好一个报告册，要我做一篇序文，于是我在这篇序文内，又表示了三个意见：（篇次列第九）

一、主张多办单式组织的乡村改进区。

二、主张办理改进区时，入手之初，要握定三个重心：（1）普及教育，（2）推广合作社，（3）注意公共卫生。

三、主张办理乡村改进的人员，要预先约好几个学术机关做后盾。

在二十三年下半年，我曾受了《中华教育界》月刊社之约，做了一篇《农村改进与农村教育》文（篇次列在十一），受了《教育杂志》社之约，做了一篇《关于农村教育的三个重要问题》文（篇次列在十二），这两篇皆是比较篇幅长一些，其中所含的意思，当然也多一些，除关于农村教育农村改进的性质，范围，目的，继续以前的主张，格外予以明确的认定及阐发，又关于人才训练问题，教育对象问题，继续以前的主张，格外提出重要理由外，比较值得令人注意的，便是农村改进的机关组织，形式，和实质三方面的分类，判明农村改进机关，有"单式"与"复式"组织的不同；形式上又有"正宗教育"与"非正宗教育"的各异，实质上，更有"外著的教育性改进"与"内藏的教育性改进"的两种。可以说这皆是其他方面所未尝说过的。

二十四年（即今年）春，我有鄂豫之游，归来，又成长文一篇，题为《民族复兴与政教合一》，这是发表在《复兴月刊》上的，篇次列在十三，是本册殿军的一篇。这篇文章，前面是论列政教合一的理由，后半则述及实际办法。盖到了现在，已明确认定，农村改进是分成三级：最低一级，是以一个乡村小学为单位的单式组织，最高一级，则以县为单位，中间一级，则以区为单位。区与县皆是属于复式的组织。所谓政教合一的农村改进法，是始于村的

"单式",终于县的"复式",到了县,那就非有政府主持,不能达其目的了。县政建设在以全县农村改进为基础,我认为这是复兴民族的最根本的办法,非此,民族固无从找出路,非此,即有其他良好政策,亦无从实施。

我这一十三篇文字所表现思想,因为经过六七年的长久时间,当然其中有不少变化的地方,也有前后不能一致的地方,但是比较起来,还是一贯的。我很愿意把我这一点小小的思想结晶,提供在全国农村工作同志之前,诚恳的请求指教。

民国二十四年八月　江恒源

一　两个名词的解释

此文录自一四〇期《教育与职业》，是二十一年十二月作成的，原名《农村教育与农村改进》，盖专为解释两个名词之异同与关系而作，兹易以新名，所以取其易于使人明白，并且避免与其他篇名相重复也。

何为农村教育？是在农村特设机关，认定一般农民生活需要，以实施种种改善农民生活的方法，是为农村教育。他的机关，当然有许多种；他的方法，当然有许多样。有"固定"的，如农村小学，是为供给一般农童的需要，教他们识字读书、作文写信、记账，教他们认识了解各种自然科学、社会科学的道理，教他们练成会做工、会做公民的技能习惯。如补习学校，是为供给一般成年农友的需要，教他们在农事余暇，能得着读书识字的机会，明白做好人的道理，认得做好人的路径，增加许多农事上的知识技能。有"活动"的，如农品陈列室，农品展览会，各种讲演会，阅书报室，农友问事处，农友谈话会，以及包罗多种的农民教育馆，教材是随事随时供给的，教法是因地因人设施的，来受教的，并不限定何人，而总以促起其反应，开通其知识，增长其经验，为惟一目的。取固定方式的教育设施，统名之曰"农村学校教育"，取活动方式的设施，统名之曰"农村社会教育"。所谓农村教育，则为混合二者之总名。

在担任固定机关小学校的教师，当然可以兼司补习教育及各种社会教育事业；而在担任农村社会教育人员，有时亦可兼任补习学校教师。

至于农村人民以农业为生活主体，农村教育为适应农民生活计，当然以发展农业，增加农产为惟一中心，虽然农村小学，谈不到农事教育，但关于职业陶冶，势必以农事为重要教材，这是无可疑惑的。不过要说到农民整个生活，却又不是农业一端所能包括殆尽。那末，通常人往往会把农村教育，认作农业教育，这显然的是一种错误了。

正式的农业学校以及临时的农业讲习所，又各种农业补习学校，这无疑的是属于农业教育的范围，就是农事试验场以及农业推广部，日与农民相接触，用种种启迪奖诱方法，以增进农民农事知识，也可说是社会式的农业教育。若是此等农业教育机关，除指导农村人民农事外，兼及于其他社会活动，教导农民如何组织团体，如何增进公民常识，那自然是顺水推舟的事啊！在农村教育机关的人员，为实施职业指导，职业训练，时时处处，与此等农业教育机关，农业试验机关，农业推行机关相联络，借收互助之效，那自然也是顺理成章的事了。

讲到这个地方，关于农村教育的意义，目的和范围，似乎大概可以明白了。

那末，"农村改进"，又是什么东西呢？农村改进，是就一个农村或数个农村，划成一个适当的区域，依照理想的能实现的预定计划，用最完美的最经济的方法技术，以化导训练本区以内的一切农民，使全区农民整个生活，逐渐改进，由自给自立以达于自治，俾完成农村的整个建设。此种区域，通常称做"农村改进区"。改进区所办的各种事业，通常称做"农村改进事业"。从事农村改进事业的人，通常称做"农村改进者"，或"农村服务者"，亦有称做"农村导师"或"农村指导员"的。

农村改进，原是中国一种特殊方法，他是适应着中国农村特殊需要而产生的。因为农村人民愚的太厉害，穷的太厉害，既愚且穷，当然身体不能健康，团体不能团结，真正自治事业，还能说得上么？不能得着真正自治，便是农村永无完成建设的希望。中国全体人民，农人占百分之八十以上，是居国家组织成分中的重要地位，那多么危险啊！要想凭着农村小学，去普及农民教育，如何能够呢？要想凭着少数农业学校以改良农民生活，又如何能够呢？况且小学专为教育农童，农校专为指导农事，农童以外，还有许多成年农民，农事以外，还有许多事业，又如何能顾到呢？穷到如此地步，愚到如此地步，已经不能够做立国的要素了，加以敌国外患，如此严重而紧迫，不用特殊方法，来谋一个起死回生，如何得了呢？穷则变，变则通，所以想出这一个特殊的农村改进方法来，这也可说是中国变态社会里边一种通权达变万不得已的方法啊！

要办农村改进，当然要设立一个改进机关。这一个改进机关，他却不是一个依时上课的学校；可是各式学校，也可包括在这一个机关之内。他不是一个呆板不动的教育馆；可是教育馆所应做的事业，却要样样做到。他不是一个农业试验场；可是农事指导，却要首先顾及。他不是一个承受官府命令来筹备自治的公所；可是关于促进农民自治的责任，却要首先担负起来。他不是一个保卫闾阎的保卫团团部；可是关于保卫一切的训练，却不能不兼司其事。所以他的设施，有下列三大纲：一曰文化的，全区普及教育、改良风化以及清洁卫生、健全体魄之事属之；二曰经济的，全区改善生计之事属之；三曰政治的，全区团体组织、公共治安、公共建设之事属之。论其目的，便是教富政三端；教所以救其愚，富所以救其穷，政则化其私医其散，不私不散，乃可结合团体，从事于农村整个建设。三端并重，而不容有所偏倚；三端并行，而不容判其后前；三端连锁，而不容有所隔断。

这种设施的方式，设施的范围，却不能一致。其经费多，规模大的，可以设立多种教育机关，并且有农场，有医院，有金融机关，以主持促进各项事业；其经费少，规模小的，则可以一个机关兼司各种事务。即万一不能自成一独立机关，亦可凭借他机关以行之，如以一个农村小学，一个农业学校，一个农事试验场或推广部，均可分出一部分的人力财力，就其附近农家，划成一区，从事于改进工作。即使无财而有人，亦不妨凭人力以行之。而将来尤有希望的，则为借合作社的组织，以团结农民，实施改进，此则尤为亲切有味，简便易行。总之，要救中国，要救农民，要使知识分子，与农民合作，得一个最好的安排，要使中国民族，真能起死回生，要使中国农村真正自治，整个建设，真能完成，舍此别无他道，亦别无他法。

二 什么是农村改进

此文系从《职业教育之理论与实际》一书内录出。其篇名原为《何谓农村改进》，下注"农村改进的意义范围及目的"，是二十一年秋间做成的，盖专为说明农村改进的性质而设，可取以与前篇相参证。

农村改进，是就一农村或若干农村，划成一个适当区域，依照理想的能实现的预定计划，用最完美的方法技术；以化导训练本区以内的一切农民，使全区农民整个生活，逐渐改进，由自给自立以达自治，俾完成乡村的整个建设。此种区域，称做"农村改进区"，或"乡村改进区"。改进区内所办各项事业，称做"农村改进事业"，或"乡村改进事业"。从事农村改进事业的人，称做"农村（或乡村）改进者"，或"农村（或乡村）服务者"，亦有径以"农村（或乡村）运动者"称之者。依照普通习惯，有时并可称做"农村（或乡村）导师"，或"农村（或乡村）指导员"。

农村改进与农村教育，一部分相同，而非全部一致。因为教育事业，原包括于改进事业之中；而改进事业，却不限于教育一种。又照通常习惯，所谓农村教育，大率指农村小学而言；而在农村改进事业中，所包括的教育范围，则至广且大：凡一切学校教育，社会教育，皆属之。甚且再将范围扩大，竟不称以教育而径称以教育或文化。盖凡与农民相接触，无论取何方式，足以使之发生反应，因之影响及于其生活的，其工作或作用，皆可以教育或教化目之。

若就其形式一方言，则又可概称之以"文化"焉。

农村改进与农业改进，当然有极密切的关系，但只能说改进农业，是农村改进事业中较重要之一项，绝不能说农业改进，就是农村改进。依实际情形言，当然农民所业者农，生计所关，影响及于全部生活至大，苟农业能改进，则农民生计裕如，各项文化等事业，一定推行便利；不过物质问题以外，对于精神方面，亦绝对不容漠视。况且如组织合作社，筹办水利等，性虽属于物质经济，却不仅是农民一家一身之事，势非有公同组织不可，既需组织，自然要涉及精神方面，并且和教化训练有关了。

农村改进与农村自治，关系和异同，又如何呢？农村自治，是农村改进的目的；改进工作，就是达到农民真正自治的一种手段。通常有一种误解：以为改进事业，多半为自治事业，因而认定办理农村改进，也就是办理农村自治。此则不可不辨。真正的农村自治，一定要有百分之八十的农民，个个皆能自给自立，百分之五十以上的农民，个个皆能自治。这当然不是可以一蹴而企的。如何使个人生计充裕，如何使公民常识丰富，如何使具有组织能力，自非经过相当的教导训练不为功。倘未备上列三项资格，而贸然令其办理自治，则是假自治而非真自治。真自治何由成？则应以改进工作为阶梯，为津渡。盖必由此改进之阶，方可登自治之楼，亦必由此改进之津，方可登自治之岸。改进过程中的种种村治训练，固为真自治之直接预备工夫，即其他种种文化的设施，经济的增进，亦莫不与建设农村真自治有联带的关系。

农村改进，既与教育，经济，自治（即村政）三方有关，亦即可认定此三项为改进事业中的三大柱石。改进事业范围，固然是很广，种类固然是很繁，但括其大要，实不外"教""富""政"三端。在一个改进区内，凡是小学校，幼稚园，托儿所，民众补习学校，种种职业讲习会，传习所，图书阅览，体育运动，娱乐集会，通俗讲演，学术讲演，问字处，壁报，各种展览会，以及家庭访问，个人谈话，人事指导等，皆是属于"教"的一类。凡是介绍良种，改良耕植，介绍农具，驱除病虫害，推广植树，指导养鸡，养鱼，养蜂，养猪，养羊，推广各种小工艺，组织各种合作社，提倡节俭储蓄等，皆属于"富"的一类。凡是公共醵资建筑道路，修浚河道，改良村容，创设学校，农场，医院，公园，公共仓库，公墓，厕所，组织保卫团，消防队，慈善救济机关，息讼会，风俗改良运动，公产公款管理，因而需要集会，议事，选举职员等，皆属于"政"的一类。

"教""富""政"三端，须连锁合一，同时并进，既不容有所偏重偏废，亦不容各自分立。盖三方之事，大都互相关联；因办理此方，而涉及彼方的，实所在多有。略举其例：如设立民众夜校，教育方面之事也；然因为设校，不能不事前约集地方领袖，开会筹商，进一步且组织校董会，选举校长，那末，便是由"教"而涉及于"政"了。又夜校所授之课，除补习文字外，特别注重生计，授以各种农事上必要知能，则又是由"教"而涉及于"富"了。如筹设合作社，经济方面之事也；然因为灌输合作常识，须设立短期传习所，讲习会，则是"教"的事了。因合作社开会，养成人群互助的习惯，增进公民道德的知识，于是各项自治事业，由此格外容易进行，这又是因"富"而涉及于"政"了。组织保卫团，以防不测，设立息讼会，以泯争议，村政方面之事也；然因保卫而练习武术，结团教战，则由"政"而进于"教"了。若开会筹议组织团体，以从事于兴水利，改良农事，则是借"政"以致"富"，更不用说了。

惟三方进行之际，仍宜分别部分，设置专员，各负专责。盖纯依分工合作之原则，以期整个计划的实施，而在各部之上，更应有总揽全局的机关，或职员，以支配一切；庶消极方面，可免各方隔阂，积极方面，可使脉络灵通，效率益著。

三　农村改进的人才

此文亦系从《职业教育之理论与实际》录出,是专为论述农村服务人才而设,可与下面《理想的乡村中学》及《呈请上海市教育局转呈教育部文》两篇,互相参证。这篇也是二十一年秋间做成的。

天下事,非人莫办,尽管有了极完善的计划,若无人去实行,仍是一张纸上所写的空话。农村改进工作,论功用可以说是国家根本要图,而论地位,论报酬,则是极低极薄。非具有特别认识,特别抱负,特别修养的人,绝不肯跑到乡间,为此枯槁寂寞之事。

若再论到农村改进人才所需要的学识,才能,依我个人想,似乎应有次列的标准:

第一,对于教育要具有相当的知能和经验,举凡学校教育,社会教育,以及地方教育行政,乃至本国文化的历史,近代世界思潮的趋势,皆能知其概要,且能自己去计划,去组织,去教授,并且能随地,随时,随事,利用机会,去指导农民。这不仅是需要学,需要识,更需要才;因有才才能调度,能支配,能张弛伸缩,各得其宜,使学与识可以发生实际的效力。

第二,便是对于农事,卫生医学,合作社,乡村自治四项,要有相当的常识论理,对于教育具有充分的学识才能,已不容易,同时还责望以其他各种重要条件,似乎悬格太高,有点不近人情;但是为谋农村改进事业的发展,农村改进人才的美善,觉得除教育一门以外，非备有其他常识不可。须知所谓常识，与专门学识有别，只须知其大概，并不希望做成专家。况且四者之中，性质范围，各各不同，农事医学，专之又专，绝非浅尝所能有得；但是你能知道大概，不致十分外行，有农学院，有农业试验场，有医院，你便可以去和他们做朋友，遇事可以去请教，可以替农民请帮手，来解决关于农事卫生病医的一切问题。合作社的组织，能知道了大概，便可以帮助农民来组织。乡村自治的法规，以及组织的手续只要略加研究，不难了然。这一类常识，大概是求之甚易，而行之非难，以心思灵活，行为敏捷，教育既具专长之人，似乎对这四项，略略考究，自然也容易成功。而且我所谓备具常识，固然是认为一种条件，而根本所希求的，还是注重在运用常识的才能。明白农事，明白卫生，目的是为能联络农校，农场，医院，以改进农村生产与健康。要植林了，可向林场去募树苗；作物病害发生了，可向农场去询方法；时疫起来了，可到医院去设法预防，这皆是如何奔走访求的问题。奔走访求，需要才能，同时自然也需要一些常识。合作社的组织，自治的进行，更是需要才能的地方多，而常识也是居于重要地位。

学识可以勉力去求，这是属于人事，而才能则大半由于天生，几几非人力所能勉强。从事农村改进工作，除相当的学识外，总是多少需要着一些天才。但是这种天才，是不是可由后天磨砻锻炼出来呢，却是一个问题。依我个人经验来说，后天的磨砻锻炼，似乎也不是没有相当的效力。假使具有这种天才的人，因为没有适当的教育，让他去陶冶，没有适当的机会，让他去发挥，久之有了天才，也就不免湮没了。这是多么可惜啊！讲到此处，我们便不能不深信训练农村改进人才的机关，是十分重要了。

从前办理农村改进的人，大多数皆是半路出家，本着他一些学识，一些才能，认定从前教育与一般穷苦农民，不发生何种关系，愿意扩大教育范围，增进教育效力，以救济农民，一面做，一面学，他那一种热心，同情，毅力，更是超人一等；可是他并没有进过什么农村改进学校，学过什么农村改进课程。这一类改进家，从前从事于教育的固多，而从事于农业及其他职务的也不少。由此以言，欲从事于农村改进工作，除学识才能以外，热心，同情，毅力，也可算是必要的条件了。而此种条件，是不是可以由磨砻锻炼成功呢？依我说，也是可以的。

那末，我们应该谈到农村改进人才的教育问题了。教育须定目标，农村改进人才教育，不用说是以养成农村改进适当人才为惟一目标了。农村改进人才的标准，是怎样呢？依我想，似乎有次列二十个条件：

一、有服务乡村的决心与兴趣。

二、有万分表同情于农民的热忱。

三、有百折不回万分坚定的恒心与毅力。

四、有不畏艰苦，自愿牺牲的勇气。

五、有刻苦耐劳，勤勉任事的习惯。

六、有事前研究，事后反省的细心。

七、有和蔼诚恳谦和的态度。

八、有强健坚实的身体。

九、有流利清朗的口才。

十、能做优良的小学教师。

十一、能设施种种社会教育。

十二、能体察地方需要，拟成合于实际且易施行的计划。

十三、能和地方长老合作，并得其信任。

十四、能帮助农民设法增加生产。

十五、能指导农民组织种种合作社。

十六、能指导农民为种种高尚娱乐，而潜易其不良习俗。

十七、能指导农民组织各种会议。

十八、能指导农民自卫，并能教农民练习军事。

十九、能和其他各机关联络，得其帮助，以利农民。

二十、能使个人所办的事业，不断的改良，不断的进步。

简括的说起来，就是有脑能思考，能计划，能调度；有口能演说，能谈话；有手能执笔写文，能执枪御盗，能下田操作；有足能到农家去访问，去调查，能到其他各机关去联络，去请教，去请帮忙。能养成这样人才，才可以说达到教育的目的，合于预定的目标。

这并不是十分难做到的事，只要定下了教育主旨，避去了种种教育流弊，打破了目前教育种种形式，选好了教育课程，施以适宜的训练，一定可以养成合于理想的农村改进人才。

至于这种教育机关，叫他什么名目，定他什么程度，又招收什么学生呢？当然是成问题的。依我想，如有乡村师范学校，能照这种目标，专养成这种人才，以供农村改进之用，固然是最便最好；万一不能，则不妨另设机关，专司训练。此项机关，似不必纯粹依照学校组织，凡入学资格，毕业年限，教学方法，尽可十分活动。所招收学生，大概可分三类：甲类是初中毕业或与初中程度相当，生长农家，性与教育相近，曾在家种过一二年田或做过一二年事的；乙类是做过乡村小学教员，有志乡村改进的；丙类是高中师范科毕业，或曾受高等教育，志愿到乡村服务，对于农村改进事业，已有相当认识的。入学以后，一面学，一面做，务使心口手足，皆能受到完全的训练与陶冶。对于甲乙两类，应注重实际的技能，而对于丙类，可注重较高的理论。毕业期限，不必一定，大致规定为二年。将来服务以后，实际工作人员，与巡回指导人员，宜分两类。丙类毕业生，如服务成绩优良，当然可以提升为指导员，即甲乙两类毕业生中，如服务多年，经验宏富，成绩特别优良，亦可提升。这样办法，并不是一种理想，如现在山东乡村建设研究院所办的训练班与研究班，已经照这个方法训练。又中华职业教育社前年亦曾设过一次"乡村改进讲习所"，招收学友十人。两处虽属初办，比较成绩尚好。惟山东乡村建设研究院训练班，是合于甲乙两类，训练只有一年；所收研究班学生的程度，皆是受过高等教育，比高中师范科高，是与我的主张，稍有一些不同耳。

四　理想的乡村中学

此文是作于二十年春,曾在一二三期《教育与职业》上发表过。所以作此文的动机,是为感觉到农村服务人才的缺乏,乡村改进事业,不能由农民自动的去办,终是一个问题,所以特别假想出一种造就乡村人才的办法。所谓"乡村中学",也仅是一个名词罢了,实则果有此种特殊教育机关,任取何项名目,当然皆可以的。

中国农民占全体人民百分之八十五,至少当有三万万五千万人,可是,从来没有人去顾问过;教育家,未尝把农民做教育的对象;政治家,未尝把农民做政治的本体;乡绅田主,能体恤农民,爱护农民,已经是不可多得,要希望从教育方面,政治方面,提高他们的人格,增高他们的地位,那真是很少很少的事。那末顾问他们的是谁人呢?我想,只有那贪官污吏,和土豪劣绅罢!

一般农民,既已无人顾问,而顾问的,又不是好人,当然只有摧残,没有扶植了。一棵树儿,一棵草儿,生在山野,平常灌溉他,保护他,整理他的,没有人,而牛羊的践蹈,则不计其数,虽然能遂其生,也是长短枝蔓,不堪玩赏。一般农民,不也是这样子么?自行自动,自生自灭,不知读书识字之益,不知迷信烟赌之害,不知结团合群之利;从古代遗传下来的一点文化,能保存些须,已算很好;至若近代国民应备的知能,近代国家社会应有的组织,近代文明创造必由的途径,可以说他们连梦见都没有!我尝举出中国农民具有四大病况:一愚,二弱,三贫,四散,并非过分之谈；因为有了以上所说的因，自然要结成现在的果。试问，一个国家，一个民族，有百分之八十五以上的人民状况如此，能不能在这个优胜劣败，竞争剧烈的世界上立国呢？我想，无论何人，皆要答应一句说"不能"罢！那末，我们中国的前途，是不是十分危险呢？

现在总算有一线希望了，一部分教育家，一部分政治家，也能把他的眼光，转移到可怜的农民身上。有的是大声疾呼，赶快振兴农村教育，有的是积极讨论，推行乡村自治，当然是最好现象了。不过施行要有次序，办理要分先后，在乡村教育未有相当成效以前，乡村自治，是否即能举办，那却是一个问题。依我个人主张：乡村教育，是造成乡村自治的根本工夫，乡村自治，是推行乡村教育的惟一结果。这并不是我个人因为从事教育事业，遂致侧重一方，实在是因果的关系如此，虽欲勉强，也勉强不来的。

那末，现在我们便可专来谈一谈乡村教育了。

说到乡村教育，第一，要辨明他的性质和范围，因为只说乡村教育四个字，那是笼统不清的。依我个人的观察，乡村教育，似乎可以分为三段：

第一，是"乡村小学"，那是最狭义，最单纯的乡村教育。

第二，是"乡村全民教育"内中所包含的，有乡村小学，乡村中学的正式学校教育；有临时设立的种种讲习所，传习所，民众夜校式的补习教育；有农民教育馆，农民问字处，讲演会等种种不同方式的社会教育。这可说是"广义的乡村教育"，因为他以乡村全民为教育的对象，故特称之为"乡村全民教育"。

第三，是"乡村改进"，这可说是最广义的乡村教育，因为他所包含的，不只是教育事业一项，除前条所述各种教育，已为改进事业所包含外，如农民的生计，农民的健康和娱乐，农民的组织，农村的建设，农村的防卫，无一不在改进范围之中。如何促动，如何启迪，如何指导，如何推行，当然脱不了教育的方法。可是，这一种方法，已经是笼罩了农民全部生活，居然包扫一切了。但是因为他仍本着教育方法，以达种种改进目的，所以特称他做"最广义的乡村教育"。

乡村改进，在现在可说是很时髦的工作了；各方提倡办的很多，各方实际去办的也不少，的确，这个工作，是救国的秘宝，是农民的福星。不过，真正要把这个工作推行普遍到全国，却也有几个问题，横梗我们面前，我们似乎不能不先把他谋一个适当解决。

一、"那里有许多钱去办乡村改进事业？"照现在已办的各处来说罢，或是每年用三千元，或是每年用二千元，至少也还要一千多元；而区域划定，当然不能过大，至多二千户，一万人口，已经觉得不易照顾了。普通适中的区域，应以五百户，三千人为最合于理想。可是，以中国地方如此之大，农民如此之多，欲谋改进事业的普及，安得有多量金钱，以资供给？如若不能，则一省之中，只有十余处，还不是等于杯水车薪，于事何济呢？

二、"那里有许多人才，去办这种乡村改进事业？"这一种乡村改进人才，的确是不易多得，教育固然可以造成，可是同在一校毕业，受过同等教育的，实际办起改进事业来，未必皆能一样合宜，皆能一样合于事前的希望。况且一时又怎能造成这许多改进人才来呢？如无相当人才，虽有金钱，亦无如何。

这两件，的确是办理乡村改进的重要问题。有人说："解决这两种问题，并不十分难，特设教育机关，专来养成改进专才，以应需要，并由此专才，分别传习。将来愈传愈多，愈推愈广，凡属乡村公共机关，皆有此种人才的足迹，尤其是每一个乡村小学，一定有一二位改进专才，专来担任本学区（与行政所划的学区不同）的社会活动，社会改进。在学校所费的，只不过一二位的薪水，其薪额，也同于普通小学教员；如此则用钱有限，而事业可以普及，岂不是两个问题，同时皆可解决了么？"

这个解决办法，当然我也承认，在现在没有想出再好的办法以前，总不能不认为有相当的价值了。可是，说到此处，又有第三个问题，相继发生了。

第三个问题，是"怎样使农民自动的去改进"，换句话说，就是"一般农民怎样才可以自家去办改进事业"，这一层却是非常重要。因为乡村是农民所有，乡村的主人，是农民，不是外来的乡村小学教员，外来的农民教育馆馆长，外来的乡村改进会的干事。教员，馆长，干事，来到乡村，办理改进事业，是一时的，不是永久的，是过渡的办法，不是长远的办法，办到后来，仍然是要交还农民自办。倘使一般农民，不能自动，不能起来接收，不能自尽主人的责任，那末，一切改进事业，仍是空虚，不是实在。可是要使农民达到自动地位，怎样才能够呢？这不是一个最重要的问题么？

解决这三个问题，真不容易。极力推广小学教育罢，可是，小学毕业的程度很浅，受过了义务教育，虽然可以做一个普通公民，未必即能够做乡村的领袖。要想一般小学毕业生能自动的去办改进事业，一定是不够。厉行社会教育罢，可是，一般农民知识程度很低，虽然多方去启迪指示，只可以启其愚昧，使之帮同奔走，那里能够自动的起来组织团体，共谋改进呢？

然则必如之何而后可？依我个人想，要使农民具有自动改进的资格，非受过适当的中等教育不可。我们并不希望个个农民皆受中等教育；事实上也万无个个农民皆受中等教育之理。可是，受中等教育的，至少六十人中要有一个人。假定在一改进区内，人口三千，其中受中等教育的，有了五十人，拿这五十人做这一区改进的主体，那末，也就很好了，能再超过此数，那更是多多益善了。

何以一定要受过中等教育的人，才可以自动呢？才可以尽主人的责任呢？这个理由，极其简单。因为我们希望这一班农民，也可以做农村领袖啊。

一、要他具有组织团体，领导民众的知能。

二、要他具有筹集公款，管理公款，支配公款的知能。

三、要他具有改良风俗习惯的知能。

四、要他具有明悉国家大势，世界大势的知识。

五、要他具有改良农事，增进生产的知能。

六、要他具有爱乡爱国的意识和情感。

七、要他具有运用四权的知能。

八、要他具有改良乡村环境，使之进于美善地位的知识和决心。

九、要他具有公正廉明的德性。

十、要他具有舍己爱群的同情心。

十一、要他具有判断是非，并临机应变的才能。

十二、要他具有认识并爱护本国固有善良文化的知能和情感。

十三、要他具有认识并吸收近代文化的知能。

试问，能具有以上十三条资格的人，不受过中等教育，如何能够呢？并且这一种中等教育，还不是一般人所谓中学校的教育，所能代替的，势必有合于我们理想的乡村中学，方可以负起这个使命。

那末，说到此地，便不能不希望有一种特殊的乡村中学应运而生，来养成这一班乡村自动改进的人物，更不能不希望用这种特殊的乡村中学，来解决这一个困难问题了。同时，我们也就可以感觉到这一种中学，的确是十分重要了。

这一种中学，是具有特殊的目的，是负有特殊的使命，自不能不具有若干种特殊的性质。依我个人推想：

一、要简易，因为简易，才可以推广。

二、要经济，因为经济，才可以多设。

三、要教书与教人，同时并重。

四、要做与学同时并重。

五、要以养成生产能力，和政治能力，为两大主要目标。

六、要注重昌明本国文化，同时不背世界潮流。

七、要所学所习，皆切于乡村生活。

八、要养成知情意三方健全，德与才同时兼备的人物。

九、要使此种教育，完全中国化。

十、要打破虚荣心的升学观念。如确有升学的必要，当然不在此例。

既然认明了这十种特殊性质，则此种学校的一切设备，课程，训练，当然不能与普通中学一样。

先言设备

高楼大厦，如都市方面的中学校舍，乡村当然无需乎此。有祠堂庙宇可借，则借之，不可借，则建筑简易的乡村式房屋，只要宽敞明洁，虽茅屋亦未尝不可。校舍之旁，必附有广场，附有农田，广场可资运动，农田可资耕作，仪器标本，最好由教师自制，非至万不得已，不购舶来品，表册图画，一切自制，要详要备。

次言课程

1. 本国文化史，要特别注重。

2. 要根据三民主义，教授社会科学。

3. 对于本县本省本国地理，要特别注重，更要注意经济事项。

4. 关于本乡本县人民生活，产业状况，要由教师指示调查方法，并从事实地调查，编制详细报告。

5. 关于自治法令及其他重要法规，要详细讲解；同时练习草拟规章，练习集会选举，练习处理事务。

6. 关于合作事业，要一方讲解，一方实习。

7. 关于自然科学，要注意实物考察；同时注意实际应用，并须与职业教育互相联络。

8. 关于农事教育，学做并重；附近如有试验农场及农业学校，须与之切实联络；必使学习以后，能措诸实用。

9. 关于农家副业，视本地所宜，切实教学，切实练习。

10. 关于乡村建设，如筑路，凿井，浚河，修桥，公园，公仓，公墓，厕所等，必一一指示其方法。

11. 关于乡村风俗习惯应如何改良，乡村娱乐应如何增进，乡村公共卫生应如何改善，均就本地情形，一一提出讨论，以备实施。

12. 关于乡村防卫，一方指示组织方法，一方练习实际技能，以资应用。

以上各项课程，或用讲解，或用阅读，或用讨论，或用实习，或用调查，各视其性质所宜，分别学做。其所用教具，有图画，有讲义，有农场，有实物，有事务。其施教地点，或在室内，或在田间，或在会场，不必一定。其施教时间，除固定时间外，亦可随时指定。总之，此种课程的教法，学法，习法，做法，是活动的，实际的，生活的，社会的；不是读死书，也不是做死事。

再言训练

1. 注意整个生活。
2. 注意人格感化。
3. 注意实际才能。

教师与学生，如同家人兄弟，学生与附近农民，如同亲戚朋友，平常所要做的事，皆是学校内所教所习的事。

这种学校，毕业的年限，以四年为标准，酌量情形，程度已够的，可提前一年改为三年；不够的，亦可延长一年，改为五年。一校的学生，不宜过多，至多不得过二百人。不以升学为目的，故无取乎学外国文。入学年龄，不宜过小，最好小学毕业，曾在家庭习过农事数载，入学时年已达十七八。学校经费，不能过多；教师和学生，如能注意农事实习，有田百亩，耕作得宜，收获之资，可以补助经费之一部分。

此项学校，希望能多多推广，假定一县有农民三十万人，依照每六十人有一学生的标准，全县即应有学生五千人。因为陆续毕业，陆续入学，不必一定要有此数，亦可折半为二千五百人。平均每一校容学生二百人，即应有十二校。平常一县农民有三十万人，总算是大县，大县当然不多，假定普通一县农民十五万至二十万，则全县所需要的乡村中学，应有六七校。只要县教育费不致十分支绌，纵然一时不能设立六七校，即暂设三四校，似不致十分为难。倘使由省方酌量情形，比较轻重，抽出一部分省费，专来补助此种较有目的，较有实用的学校，那就更觉容易了。

用此特殊教育，养成普通切于乡村改进，乡村自治的人才，依我个人推想，此等毕业学生，布散在乡村，应有下列的几种效力：

一、能演说——可以言语启迪农民。

二、能作文——可以文字发表意见，并能草拟规程。

三、能开会讨论事件。

四、能持械御盗，组织保卫团，一旦国家有事，并能执干戈以御外侮。

五、能组织自治公所，实用乡村自治。

六、能自己种田，增加收获数量。

七、能创办农家副业。

八、能改良乡村环境，及一切不良的风俗习惯。

九、能创办乡村一切公益。

十、能以个人的品行，知识，能力，感化乡里，使一般农民生活日趋美善。

事在人为，善由意造，我想，这不一定是空想罢！

果能由此理想，竟成功了事实，则乡村公益，还怕没有人主持么？乡村自治，还怕没有人处理么？不必再设什么改进会，自然改进事业，有本乡人自家来办了。这是不是把中国教育上，政治上，一个顶困难顶严重的问题，可以完全解决了呢？

不过，天下事，不能尽是一帆风顺的，问题之中有问题，问题之外也有问题，须知道要办乡村中学，还有两个应该先决问题，也不能把他们忽略过去，而事实上并且不能忽略过去。什么问题呢？

一、乡村中学学生的来源。前文不是说过乡村中学学生，要招收乡村小学毕业生么？实际说起来，仅仅四年初级小学毕业，程度恐怕不够，最好高小毕业，可是，现在乡村四年小学，尚未普及，那里能说到高小呢？学生无来源，如何办中学？岂不是一个问题么？

二、乡村中学的教师的来源。要知道这一种中学教师，不是随便可以当的，要有学识，还要有经验；要有德性，还要有能力；要有坚强的体力，还要有浓厚的趣味；要有国学的根底，还要有近代世界的知识；要有办事的热心，还要有牺牲的精神。真不容易啊！一个普通大学毕业生，未必就能胜此重任。将来我们希望这种乡村中学，能多多推广，学校既多，需要教师亦众，试问，如何能得着这许多合式的乡村中学教师呢？这岂不也是一个问题么？

这两个问题，当然要发生的，可是并不是没有方法可以把他解决的。天下事，必分工而后易治，断没有一人可以包办的。我对于第一问题的解答：希望地方教育行政人员，在最短期间内，并全力普及乡村义务教育，进一步再由各乡联络组织高级小学校或高小补习班，这并不是难办的事。我并希望教育人员十分注意，千万不要把乡村小学毕业生，一律送到城内去进高级小学。将来乡村小学多，乡村中学的学生，自然就有来路了，况且这种乡村中学，也是陆陆续续举办的，看地方情形，够办才办，不够办，则不妨先行从事筹备，设立尽可稍缓，所以关于学生来路一层，是容易解决，不必忧虑的。我对于第二个问题的解答：希望教育行政方面，先约若干专家，切实讨论，议定这种中学的主旨，特质，并编定了课程大纲，然后再依据主旨，特质，及课程大纲，设法训练这一种特殊教师。大学内，高中内，农科学校内，均可附设乡村师范班，取高中，师范，或中等农科毕业生，证明其有志乡村改进事业，而体力，知力，以及文笔口才，均足以副之者，入校肄业，学做并重，二年毕业。第一年普遍学习，第二年分类学习。年龄不妨稍长一些，最好以二十五岁左右为合格。如能在社会上服务过数年具有相当成绩则尤佳。这种师范班，一省之内，如果经济，人才，均极宽裕，似可先设十班（第二年即有二十班，每年有十班毕业）。每班以四十人计，开办二年，即有四百教师可用，纵然稍加选择，至少亦有三百人可用。假定每一个乡村中学，用教师（校长在内）七人，一省二百校，即当需要教师一千四百人（此是指少数言），继续办理师范班六年，已可足用。如再求推广，则期以十年，大致也就可以普及了。这是我对于解决第二层问题的意见。

末了，我还有几句话，要顺带一为辨明。有些人说："这种乡村中学，诚然是救国的良剂；可是，既专注重于乡村自治人才的养成，那末，对于养成国家人才，岂不是落空了么？"我说，这却不然，国家人才，和乡村人才，本来是同一重要，决不能因为主张养成乡村人才，竟把养成国家人才一事，搁置不办。就是在乡村小学毕业的学生，如果家道好，资质佳，愿意升学，由初中，而高中，而大学，在乡村中学教师们，不但不加反对，并且还要替他去介绍投考适当的都市中学（专为升学而设的中学）哩。这本来是并行不悖的事，那有偏重的道理呢？不过，就目前的中国社会需重的情形来说，总觉无目的都市式中学，设立太多一些，公家私家多用金钱，还是小事，而因此竟把乡村人才，湮没殆尽（不去造就，自然等于湮没）。可怜愚暗的农民，终古沦于黑暗之域，以致立国基础，受了影响，不免动摇，关系就觉得太大了。希望教育行政当局，通盘筹画，为适宜的分配，对于专为升学而设的中学，最好重质不重量，不宜再让普通中学，为无限度的推广，无目的扩充。对于乡村中学，如认为有开办之必要，不妨着手筹备，以期早日实现；即使认为距离开办之期尚远，亦不妨先行遣派专家着手调查，继以讨论。这是我本着十二分诚恳的态度，愿意贡献于行政当局，并就正于海内同志的一点小小意见。至于说的对不对，还求高明指正。

此文草成后，曾持以就商于黄任之先生。黄先生曾提出应讨论的两点：

1. 此项学生，完全在一个区域内招收似不易，无已，惟有兼收距校较远之寄宿生，因寄宿而使学生离却家庭生活，恐不免仍是养成学校学生习惯，致回家以后，与固有家庭生活，不能完全融洽。

2. 学校，并且是中学校，此项名义，依然存在，则学生一入其中，遂不免以学生身份自居，鉴彼前车，将来是否发生不良影响，此层似应注意。

黄先生所说的两层道理，一点不错。不过第一层的困难，是没有方法解免的，既要组成一个学校，学生过少，固嫌不经济，而随便讲习，又似失系统，结果，自不能不兼收寄宿生。因为寄宿，固然容易发生出如黄先生所说的流弊，但是，如果训练的好，组织的精，亦可因寄宿而得着较好的效果，也说不定，这就看事在人为了。打破学校的一个名称，一个偶像，使身在其中的，忘却了自己具有特殊的身份，的确是很要紧的，不过我们既要希望教育行政方面转移教育行政的眼光，重新支配教育侧重点，把都市的中学稍稍看轻一些，把乡村中学稍稍注重一些，那末，法令有明文的规定，一时要想完全把学校名义取消不用，恐怕也很难。

在我个人意见，总觉得要养成乡村领袖人才，取高小毕业生来训练，似非切切实实的有三四年工夫不可，学校设备，尽可不必考究，但是教师要合宜，课程也要合宜。除此以外，尽可分些余力，再办若干短期临时的种种补习教育式讲习所，讲习会等，以期全民教育，实现于乡村。

同时，我又细想一想，此文是以《理想的乡村中学》名题，毕竟是脱不了理想二字。六十人中要有一人入此项学校，平均就要十家中有一个人入学了。照今日的农民的经济状况，如何能办得到呢？倘能勉强办到十分之七八，已经不容易。还要希望农家生计能裕如一些，田地收入增加一些，每年赢利，可达百元以上，新农具多采用一些，人工可省下若干，同时小学教育能普及，高小毕业人数也增多，庶几乎才可以使我的理想，实现一部分，否则还不是一个空理想么？慰情聊胜无，倘然一省之中，有了理想的人才，择定可办的地方数处，先行试办一下，开一开风气，验一验成效，也就很好了。不过千千万万不要随便办，不加思索的办，无准备的办，有一于此，必定成功了非驴非马的样子，那就可怜可惜了。

如何能使农夫生计，可以稍稍裕如呢？那末，今日办理乡村改进的先生们，似乎对于此点，要特别的多负一些责任。如何能使我的理想由一部分实现，而至于全部分实现，不至于发生种种流弊呢？仍不能不希望贤明的教育行政当局，决定方针，切实一办。

如黄先生所虑的，当然不错，或者在行政当局未能决心筹备以前，我们或可择定一个适当区域，用补习教育的方式，招集小学毕业的农家子弟若干人（不必求多），以能通学为合格，有几人算几人，按照我的理想，试办一下，究竟看一看如何，这却未尝不可啊。

著者附识

五 关于乡村改进问题的解答

此文是二十年在徐公桥农村改进讲习所为诸学友讲演，由学友李君笔记，经过修正而成的。盖当时职教社曾在徐公桥试办一种训练农村服务人才机关，名曰"乡村改进讲习所"，学友只有十人，规模极小，当然和理想的教育机关，距离很远。至于文中所说三问题，在当时确是同人认为十分重要，亟须解决的。

在中国现在状况之下，欲除去四大危症——贫愚弱散，只有从乡村教育与乡村改进下手，才是救国的根本办法，已经用不着怀疑的了。可是，话虽如此，事实上却又不然。许多关心乡村问题的人，因为乡村改进的事业，太大了，倒反特别慎重起来，本来没有疑问的，结果倒不免发生许多疑问，现在把他归纳起来，约有下列三层：

第一，"乡村改进，应该要怎样办？"提出这个问题的人，以为现在各处所办乡村改进区，农民教育馆，农业推广部，新村等，每年至少要千元以上的经费，以中国如此之穷，乡村如此之多，那能处处都筹有一千多元来作改进的经费呢？说明白点，就是改进乡村，要如何才能省钱，才能以少量的金钱，收最大的效果？

第二，"叫什么人去办乡村改进？"这是乡村改进的人才问题。叫乡村小学的教师去办么？他们的专门责任，是教育儿童。现在乡村小学教师，每天至少要担任四五小时功课，课后还有应该处理的事务。乡村改进的事业，多么麻烦，他们那里还有余力去兼任呢？

由学农学的人去办么？他们又多昧于教育，不谙政治，就是他们自己愿意去担任，也恐办的不能十分合式。然则叫区长乡长等去办，如何呢？此层更是问题。以目前情形而论，做区长乡长等人，除少数外，真正能认识乡村改进事业真义，热心研究乡村改进事业，决心创造乡村改进事业，而又具有相当教育知能的人，恐怕不多罢！要他们去担任改进乡村，成功的希望如何，也就很难说了。那末，这样看来，乡村改进的责任，究竟由何人担任，才合宜呢？

第三，"乡村改进与乡村自治，是否是一件事？"乡村改进，为的是改善农民生活，创办乡村自治，也是为改善农民生活，若说二者不一样，试问有什么不同的地方呢？若是一样，就不该一面提倡办理乡村改进，一面又去办乡村自治，一件事而立两个题目，何苦乃尔呢？

以上三点，几乎可说是目前一般人共同的疑问。我们研究乡村改进，一方面要顾事实，一方面要讲理论，事实是理论的基础，理论是行动的指针，上列三个疑问，于乡村改进的理论上，有极大的关系，应该要加以说明。现在本我个人的意见，把这三个问题，作一个概略的解答如下：

第一个问题——如何办理乡村改进？——的解答。要办乡村改进，应该知道次列四个标准：

（1）简而易行，就是不要专重形式，不要好大喜功。

（2）事事求经济，就是要用最少的劳力资财，可以获得最大的效果。

（3）力求普遍，就是能使改进事业，普及于全国乡村。

（4）促进农民自动。这一点尤其是办理乡村改进的人所最宜注意的。其事业成功与否，就要看他对于此点能否努力。在乡村中工作，千万不要忘记大多数的乡村民众，是一切的主体。

根据上列四种标准，再看目前各处所办乡村改进事业的情形如何：第一，似乎多趋重于形式，还未能十分顾到实际。第二，所用经费，似乎多些，至少在一千元以上，甚有多至万元以上的。第三，似乎办事人居主动地位，使民众为被动。在此乡村改进事业的发轫时期，一般农民，知识太差，而抱有积极精神的办事人，恨不能一口气，就把整个的乡村办好，以致有了这样情形，却也不能怪。不过照真正的道理说起来，总是有点不对。若是承认前列四个标准为合理，那末，像这三种情形，便是和标准不合了。今日一般人往往觉得乡村改进，不能推广普遍，将有办不通的趋势，也就是因为这个原故啊！我们今日既已认定这四个标准，以后办理乡村改进，自必矫正以往之失，开拓将来之路，庶几乡村改进事业，才有希望。至于说到具体的办法哩，依我个人理想：希望以后各乡村的公共机关内，无论何种，都要有一位或两位的乡村改进人才加入，说明专任区内改进事业的推行。其工作方式，我可举两个例子来说：如一个乡村小学里，参加一个乡村改进人才进去，他可以以十分之三的精力日力，在校内帮同教书，以十分之七的精力日力，专去做乡村改进。如此则所费的，只不过一个人薪金，至于事业费，则可多可少，并不是件件皆非要钱不可。古人说得好："人之欲善，谁不如我？"这种心理，是人人有的；如果校内各教员，天天看见这一位担任乡村改进的同事，从早到晚，不厌不倦，专为农友做事，自然而然的，也就可以感到兴趣，说不定都会被那种诚恳热烈的精神所传染，一变从前只知教死书不知做活事的恶习，奋发兴起，也挪出一部分的精力时间，来帮助他。如此则一校以内，做改进事业的，便不止一个人了。如有三个教员，每人拿出三分半力量，合起来便成了一个人。这件事的确可以做到，并不是一种妄想。因为无论做那件事，最要紧的，是兴趣，有兴趣，自然会振得起精神。兴趣之来，有是自发的，有是为环境所引起的。自发的兴趣，比较的非常之少，且欲兴趣的继续不断，仍需要环境去鼓励逼迫。我敢说大部分小学教师，并不是不喜欢做事，实在是未曾唤起兴趣。假使在他同事之中，有了努力乡村改进的人才，他们一定会见猎心喜，跃跃欲试的发出浓厚的兴趣，由浓厚的兴趣，而鼓舞，而参加，实在是可能的事。又如区公所镇公所等，希望区长镇长们，能认定乡村改进事业的重要，筹定一笔可靠的经费，聘请一位乡村改进的人才，在公所内专办乡村改进，办了稍久，同事受其感动，则情形也可以和学校一样。这不过随便举两个例，其他在乡村的公共机关，无一不可以照这样办，自然改进的范围，就能愈推愈广了。至于实际上如何进行，殊难一定，可视经费的多寡，再定事业的先后。钱多可办钱多的事，钱少可办钱少的事。如推广优良品种，提倡经济合作，介绍新农具，举办民众学校，多开展览会，演说会，设置代书处及问讯处，代种牛痘等，都不需大宗的钱。更有吊丧问疾，庆贺往来，都可以利用他来施教，更是一钱不花。如若有钱，自可兼办物质上的建设——如修道路，建桥梁，开公园，造房屋等。平常更应当随时随地，利用机会，一步一步，深入民间，不求速效，不图近功，不重外表，自然能大办大效，小办小效。将来愈推愈广，愈拓愈多，自然就能转移风气，一变从来的旧面目。那末，乡村改进，照这样方法去办，还不对么？

第二个问题——叫什么人去办乡村改进？——的解答。"什么人，能办什么事"，这是一定不移的。办理乡村改进事业，自然要乡村改进的人才。依据为事择人的道理说，凡是举办一件事，选择一种人，总不外依据下列三个条件——不但依此条件，去选择，更要依此条件去培养。那三个条件呢？（一）对于某事，具有浓厚的兴趣。（二）对于某事，具有特殊的才能。（三）对于某事，具有相当的修养和训练。依第一个条件，则小学教师，区长，镇长，农业推广员，只要他们对于乡村事业，有兴趣，就可让他们去兼任乡村改进的事；如果没有兴趣，却亦不能十分勉强。依据第二个条件，选取富于乡村改进才能的人来办乡村改进事业，自然会有良好的成绩。但社会中，平常的才多，特殊的才少，这也是无可如何之事。第三个条件，比较最为重要，因为兴趣可由环境引起，最少数的天才，有机会也还可以遇着，至于乡村改进人才的修养和训练，那就不能不赖有完善的教育机关和教育方法了。那末，我可先说乡村改进人才应具的知能，然后再说乡村改进人才教育的方法。

我以为乡村改进人才，应具有次列四种知能：

（1）关于教育方面的知能。他能去办理乡村的各种教育，以提高民众知识，增进民众能力。

（2）关于政治方面的知能。他能指导农民怎样去组织团体，怎样去开会；农民有争执，他能去代为调解；农民有不满意的事，他能代为疏通解释。

（3）关于生计及建设方面的知能。他能指导农民改良种种农事；他能指导农民去修桥，筑路；他能指导农民组织种种合作社。

（4）关于卫生娱乐及消防的知能。他能指导农民讲求公私卫生，改良公共娱乐，组织消防队，使一般民众，日近于康乐之境。

能具备了以上四种知能，虽说博而不精，但办理乡村改进，是需要多方面的人才，能如此也就很好了。若要求精，则每苦不博，各方应付，倒反困难。况且遇有问题，也未尝不可以转请专家，代谋解决。如今只需在四种知能之外，再加以强壮的体格，浓厚的兴趣，便可认做全才。让此全才去一心一意的从事乡村改进工作，可以说没有不成功的。

说到这里，便可以再进一步谈谈乡村改进人才，如何造就，如何养成的问题了。我以为此种特殊教育，似有次列两种方式：（一）是专门训练。如无锡教育学院，定县乡村师范，本社所设乡村改进讲习所，皆是专为造就这四种知能的人才而设，希望此种机关，将来多多推广，以应社会的需要。（二）是扩大训练。如中等农校，于学生将毕业时，加以乡村教育一门课程，施以特别训练，专注重在教育及政治两方；如普通乡师，可择其有乡村活动兴趣的学生，特施以合宜的训练；如普通中学，亦可视各地情形，加入乡村改进一门功课，专为不能升学的农村青年，养成回到乡间服务的能力。那末，这样一来，乡村改进的专才有了，助手也有了，乡村改进的任务，自然不愁没有人去担任了。再问我："乡村改进叫何人去办？"我便爽快的说："让这一类人去办。"

第三个问题——乡村改进，和乡村自治是否是一件事？——的解答。论乡村改进和乡村自治的区别，笼统的说，两者是一样东西，可是详细一些讲，却有先后缓急的不同。乡村改进，应在先，乡村自治，应在后；乡村自治缓，乡村改进急。现在拿河和渡河的船来做比喻罢：目前破碎的乡村，是河的这一岸，乡村自治，是河的那一岸，乡村改进，是从河这一岸渡到那一岸的一个渡船。或者有人要问我，你为什么一定要这样主张呢？我可以回启他说，这是事实上的需要如此。何以见得呢？请看乡村自治的名目，不是早已叫得很响了么？可是，看看实际情形如何呢？若只悬一块自治公所的牌子，只有几个穿长衫的自治职员，这能说得是自治么？当然不能。要想实现自治，至少要农民中每一户皆有能识字能读报的一人，至少他们能明白开会的仪式，至少能知道自己所任职务的意义，而生计方面，也不致十分不像样；可是，这岂容易做到么？不容易做到，只希望用自治机关，自治职员，自治规条，或者竟假一块自治公所的牌子勉强去做，便可以做到么？现在一般农民，缺乏相当知识，陷于穷困境地，对于公私各事，不能发表主见，不具何种兴趣，无一些办事能力，如此而言自治，安得不走投无路？照理，真正乡村自治实现的时期，应该在乡村民众百分之七十以上，具有小学毕业的程度，百分之二十以上，具有初级中学毕业程度以后，比较才巩固才完备。譬如造一所房子，一定要先立墙基，然后盖瓦，那自是很稳当的办法；若墙基未立，就去造屋顶，先叫人家看见房子，已经成立；这不是自欺欺人的举动么？如何能成功呢？如举办乡村自治，事先无一点准备工作，到时只求形式的完成，似乎也和造房子不立墙基而盖瓦一样罢！倘使在教育未普及民智未浚发以前有一种特殊办法，做预备工作——盖屋立墙基的工作，岂不大妙？那末，今日的乡村改进，便可算是大多数民众未能自治时的过渡办法，同时也就是将来推行自治的准备。他所办的事情，（一）要叫农民生计裕如，（二）要叫农民读书识字，（三）要叫农民认识本身和国家的关系。因为这几件事是乡村自治的先决条件，不然，一切办法，都不免蹈空。除此之外，他还要在农村青年的身上特别着眼,设法加以培养,使成国家的新生命,自治的好公民。因之对于乡村小学,既要力求完备,而且普及,将来小学毕业,人数增多,更希望多设一种适合于乡村社会的初级中学(此种中学的详细办法,以后再为讨论)。招收那曾经田间生活锻炼过的小学毕业生,入校肄业。他的课程,第一,是注重农事,第二,是注重政治知识,及公民道德。他们毕业之后,既可以改良农事,增加生产,又可以办理乡村自治,以固国基。此种人才出现之日,才是真正乡村自治开始之时。那末,到了这样境地,便可直接痛快地把"乡村改进"的一个名称,完全取消。因为既已诞登彼岸,渡船也就可以不要了。依我预计,从乡村改进,进到乡村自治,其间经过时期,至少要六七年罢!

六　富教合一主义

先富后教，本是我国孔老夫子所传下的古训，但是现在体验下来，觉得还是富教两方，同时并进的好一些。本文特标出题名曰"富教合一主义"，其内容所包括的：一、农村小学特别注重农业陶冶；二、农村成人教育，注重农事；三、农村民众学校，以农事为教育中心；四、教他致富方法，同时使他得着许多实用知识和道德行为的训练。这倒是农村改进事业上一个根本理论。文成于十八年十月，曾在一〇八期《教育与职业》上发表过。在当时或者以为是较新的议论，其实到现在，已成老生常谈了。

"教育离不开生活"，这是一句很普通的老话，几乎要成一种口头禅了，试问还有谁人不懂得呢？然而你真要抓住乡下一位种田的朋友，硬教他读书，说："这是和你的生活有关，你如若不读书，便不能识字，不能看报，不能吸收种种知识，不能做一个很好的公民，你的'人的生活'，便不能圆满。"他听了之后，一定是现出很怀疑很焦虑的态度答道："先生的话，不错啊；可是，我收的粮粟，不够吃，老婆小孩子，光着身子，要穿衣服，没有钱去买布，又怎样办呢？照你先生说，读了书，能识字，看报，够做一个公民，就可以有衣穿有饭吃么？并且还要请教先生，是不是一到了公民程度，一有了公民资格，就有人来给我们衣服穿，给我们粮米吃呢？"于是乎这一问，倒把这位热心民众教育的先生问住了。

不错，不错，读书，吸收知识，做公民，是人类生活不可少的要件；那末，穿衣，吃饭，是不是人类生活的要件呢？不具公民的程度和资格，诚然不可以做人，但是，他没有衣穿，没有饭吃，先不能保持他的生存，虽想做人，试问又从何处做起呢？

平心而论，我们对于不识字不明理的饱食暖衣的一类人，劝导他去读书，勉励他去做公民，这是千应该，万应该，无丝毫疑惑的事；若是对于饮食不饱衣裤不完的人，不管他的生活怎样，只一味督责他去读书，去做公民，纵然他勉强答应你，能有效么？

我们今天真正要替乡下种田的朋友们谋一点幸福，叫他们生活方面，能改善一些，似乎要看明白他们真正的需要才好。我尝说，现在农民，有四种现象：一穷，二愚，三弱，四散，这就是他们的缺憾；能设法弥补他们的缺憾，便是他们的需要。穷得怎样呢？不要说，连年闹灾的地方，农民是不聊其生了；就是所谓长江下游素称富庶之区，一个农民，家有八口，种田十亩至二十亩，农产所入，每年除穿衣吃饭外，剩余之钱，也几乎没有。难道一个人就不生病么？生了病，医药之费从何出？没有，只好听天。难道一个人就不应该有一点酬应和娱乐么？酬应娱乐要相当费用，没有，只好枯寂。他有小孩子，要不要入学校，受教育呢？依我们想，这一班目不识丁，情形很可怜的农友，自己因为没有受过教育，知识差，不能改良农事，总希望他有一两个儿子，能入合宜的初级农业学校肄业，毕业之后，回来帮助他的父亲耕田，可以格外使收获量增加，同时他也可以做一个很有道德知能的公民，这才能使今日农村生活，慢慢儿改进起来。可是照现在的样子，如何能够呢？愚，弱，散三样，也是多由"穷"字发生出来的，饭不够吃，人生之趣，已觉索然，还有心去读书求知识么？还有心去组织团体力谋自治么？营养不足，卫生不讲，农童未及成年，即使他任力不能胜的工作，希图省却一个或半个雇工，身体还能强健么？倘使家给人足，年年除衣食用费外，仍有多数余款，储而待用，此时再有民众教育家，好好来指导一番，自然他也会热心求知识，高兴结团体，注意讲卫生了。

可是，万言归宗说几句，他的稻子，不能多收一二斗，他的棉花，不能多收一二十斤，他没有物质做他生活的根本，各事还是白说。我们讲农村教育的人，当然要以农民生活做对象，讲到农民生活，便要先注意到物质一方面，不要把他们一个最根本的问题——"穷"字忘掉！

古人有"先富后教"的说法，这自然是不错的。但是，我还杜撰了一个主义叫做"富教合一"主义，略释其义，便是一面教他致富的方法，同时使他得着了许多人生实用知识，和道德行为的最好训练；这种教育，是跟着致富方法走的，是以物质为基本的，不是谈空话，强迫人家不吃饭去做好人的。所谓道德行为，要从穿衣吃饭的行为上评价出来，所谓实用知识，要从利用厚生的效验上，证明出来。试举一二个例子来说一说罢。我们要提倡用新式农具，如抽水机啦，打稻器啦，乡民最初当然是不明白的，一定要把他们召集在一块，详细讲给他们听；构造怎样，装置怎样，实地试验给他们看，效用怎样，利益怎样，用口不足，要继之以手，用言不足，要助之以图。因此，农民分明了，高兴采用了，因采用而人工省，赚钱多了，同时他又能得着若干的物理学和制造学上的知识，这不是教他致富，又教他科学常识么？比那拿一本书，挂一张图，空口讲科学常识，是不是好的多呢？我们要提倡农家副业，如养鸡啦，养蜂啦，一定要把种种新的好的方法，传导农民；或者是召集农民于一处，组织临时传习所或讲习会，历时二星期或一星期，或者亲到农民家里去切实教授。农民因为教授讲习，能明了，信服，照样试办，大得其利，虽是致富的事，又何尝不是教育的工作呢？明白鸡和蜂的生长状况，生活情形，及一切习惯，还不是极好的动物学知识么？若是要教导他们组织种种合作社，一方面固是调剂他们的经济，帮助他们谋生产的增进，同时使他们明了合群的重要，开会的办法，这不是极好的团体生活训练么？其他类此之事，更是不一而足了。

我们并不是说，叫农民读书的事不好；我们是说读书工作，应该在他们物质生活问题，能稍稍解决之后，再去实施，我们认定穷苦不了的人，他是不感觉读书需要的，勉强叫他去读书，也是无益。

我们也并不承认"富而后教"之说为十分圆满。我们是认定一方面教他们能多收几石稻麦豆，生活得着裕如，同时就在教导致富方法上，供给他们许多有用的知识，和合理的道德训练。授与他们的有用知识，并不一定要用文字，实物可以直观，图画可以指示。若是道德训练，更可用不言之教，潜移默化于无形。

我们再扩大范围来说罢，教导他们改良农事，固是包含着许多知识道德教育在内，就是教导他们注意卫生清洁，建筑道路，修治桥梁，组织高尚娱乐团体，提倡节俭储蓄，又何尝不是教育？我们很相信人能增长知能，增长德性，皆是赖有此种训练。凡有一种兴作，一定要先向他们说明道理，待他们道理明白之后，有了认识，再用言辞鼓起他们兴趣，有了兴趣，再教导他们设施的程序，于是知行便可合一起来。愈行知识愈丰；知识愈丰，行为愈好。这还不是最良好的教育方法么？若是单靠文字，识几百个字，教几课书，其效力如何能有这样大呢？

我们承认识字读书，是很要紧的事。但是这一种教育，是文字教育，是狭义的。如教导农事，以及教导卫生建设娱乐等等，皆含有给与知识训练道德的功效在内，这是生计教育道德教育，是广义的。借文字来做吸收知识训练人格的工具，并且能自发自动的去使用工具，那是最好的事。然而谈何容易呢？在农村小学校里，识字读书，固然是居于较重要的地位，但仍须特别注重农业陶冶。而在农村成人教育，第一步便当注重农事，以及其他改善生活之事，识字读书，尽可放在第二步，即使设立民众夜校，要教他们的书，也应在教材方面，特别注意，最好能以农事为中心。

天下事总要先其所急，务其所本，适应其所需要。换句话说，就是要抓住他最紧要的地方，最根本的地方，着实用力，不可放松。要害既得，其余枝枝节节问题，自可迎刃而解。今日农民的一切病象，既皆是从一个"穷"字发出，则治病之要，当然要使他富，而于教他致富之际，施以适当教育，便是最良好的知识教育和道德教育。把农村经济和农村教育联合起来打成一片，随富随教，即富即教，发财离不了做人，发了财更容易做好人，可以说是现在解决农村问题最根本最紧要的方法，也可以说是解决全国社会问题政治问题最重要的办法。

"富教合一主义"，我极希望你能拯救全国三万万的贫穷农民，我极希望你在五千年古农国放一些惊人的异彩，我极希望你能在一切教育主义中首先建立了一个大功！

七　多元的乡村改进法及主张省县设立乡村改进综合机关理由与具体方案

如何才能把农村改进事业，推广起来，这却是服务农村工作人们所亟待讨论，亟欲能决的一个问题，著者是主张用多元方式推进的，因有这一篇文字发表。文作于二十年七月，当时曾在《教育与职业》月刊上登载。

欲救中国，必先救全中国农民。欲改造中国，必先改造全中国农村社会。其理由，梁漱溟先生言之最详最确而且最痛切。① 即不佞年来作文演说，亦未尝不以此一再絮聒于当世也。②

中国农民，在全体人民中，数占百分之八十五，而其穷困，愚陋，孱弱，散漫，一切生产，活动，组织诸能力，比之东西邻邦，相差几不可以道里计，以致全国人民所食，所衣，所用，皆须仰给外人。起而视域内，除最少数大都市大城邑外，只见一大群形体同乞丐劳动同牛马诚质朴实之同胞，终日作息于田亩。一恶匪来，则全村之人皆惊散；一恶吏来，则全村之人皆慑服。近则农村少数小康之家，亦纷纷以破产告矣。破产之因不一：或由匪乱，或由灾害，或由举债筹资，送子弟入中学大学。伤哉！此无量数穷困之

---

① 梁漱溟先生关于乡村改进言论，多见于《村治月刊》，近有《山东省乡村建设研究院组织说明书》一篇，推阐中国实施村治之特别重要，尤为精透。

② 著者关于乡村教育乡村改进论文及演讲辞，多散见于中华职业教育社所出版之《教育与职业》月刊。

民，懦者既受蹂躏于各种天灾人祸，幸而能存，亦已有皮无骨，尪然如将死之人，强者或且荷戈为盗贼，以期苟延一日之生命。夫国之本在民，今日全国大多数之民如此，谓能与列强竞存于大地，夫谁信之？

"政治"与"教育"，其职责在谋国家改进，社会改进。若农村，若农民，实为国家社会组织之重要分子。司政司教者，自应运用政治及教育之力，穷者使之富，愚者使之明，弱者使之强，散者使之聚，方能谓尽其职责焉，国有农政，校有农学，用以改良耕作，增加农产，所以救农民之穷也。普及义务教育，厉行民众教育，所以救农民之愚也。整理卫生行政，提倡民众运动，所以救农民之弱也。慎选良吏，颁布法令，指导组织村治，所以救农民之散也。然而吾国实际情形究如何？以往各农校，既未能皆有益于农民，有补于农村矣。而义务教育，距普及之期且甚远。新法卫生，非农民所易解；真正自治，更非一蹴所能企。事实昭昭，宁可为讳？于是乃有教育家创为"乡村改进"之说，划区施教，以实验一己之理想。年来南北各方，纷然设立，风起云涌，桴鼓相应，可谓盛极一时矣。此固吾国农民之福音，亦吾教育界扩大范围，沟通社会，特创出一崭新局面也。

兹试就目前各方所办乡村改进各机关，一加分析，应有次列各方式。

甲、就组织以言：

（一）有由教育团体，筹定经费，派定干事，划定区域，联合本区农民领袖，组成乡村改进会，以实施改进事业者——如中华职业教育社所办之昆山徐公桥乡村改进区。

（二）有由教育团体，拨出大宗巨款，派定专门家多人，择定一县，施行各种改进事业者。——如中华平民教育促进会在定县所办之华北试验区。

（三）有为公立社会教育研究机关所设之实验区，专备师生实施研究社会教育者。——如江苏省立教育学院农民教育系所办之乡村民众教育实验区。

（四）有由宗教团体所设之青年会，派定干事，选定区域，联络农民，助之改进者。——如苏州基督教青年会所办之苏州唯亭乡村服务处。

（五）有以乡村师范学校为根据，师生合作，兼营社会活动，联络附近学校农民，施行种种改进事业者。——如黄墟镇江县立师范学校。

（六）有以小学为根据，校长教员，兼营社会活动，联络附近农民，实施改进事业者。——如南京尧化门小学校。

（七）有以农科大学农业推广部为根据，兼营乡村改进事业者。——如金陵大学所附设之乌江农业推广区。

（八）有为行政机关拨定专款，择定区域，联合社会团体，组成委员会，聘定干事，联络本区农民领袖，组成改进会，以实施改进事业者。——如江苏省政府农矿厅联合中华职业教育社所办镇江黄墟乡村改进试验区。

（九）有以农民教育馆为根据，实施改进事业者。——如江苏各县所设之农民教育馆。

乙、就改进事业以言：

（一）有生产（包括农事改良，副业提倡，经济合作，提倡节俭储蓄等），教育（包含卫生娱乐等事），政治（指组织会议，公共建设，制定公约，讲演时事，调解争议等）同时并重，务求平均发展者。——如中华职业教育社所办之昆山徐公桥乡村改进区。

（二）有专注重精神教育，从联络入手，以期潜移默化者。——如苏州青年会所办之唯亭农村服务处。

（三）有以生计教育为中心，注重农事改良，同时兼顾教育及政治者。——如金陵大学所办之乌江农业推广区。

（四）有以教育事业为中心，专注意于乡村小学教育，而兼顾及农事及政治者。——如以前之晓庄学校。

丙、就办事人员以言：

（一）有各种人才咸备，举行大规模的试验者。——如平民教育促进会之定县华北试验区。

（二）有兼备教育（兼政治），农事，卫生三项人才，组成改进会，领导各部，分别进行者。——如中华职业教育社所办之昆山徐公桥乡村改进区。

（三）有以农事人才为主干，兼顾及教育及卫生者。——如金陵大学乌江农业推广区。

（四）有以教育人才（广义的）为主干，专注重感化主义，不另用农事及其他人才者。——如苏州青年会所办之唯亭农村服务处。

（五）有以学校教育，兼营改进事业，不复另设其他专员者。——如南京尧化门小学校。

丁、就经费以言：

（一）有每年用费颇多，数在十万元以上者。——如平民教育促进会所办之定县华北试验区。

（二）有每年用费在三千元左右者。——如中华职业教育社所办之徐公桥乡村改进试验区。

（三）有每年用费在千元以下者。——如苏州青年会所办之唯亭农村服务处。

此目前各方所办之乡村改进事业大概情形也，亦可谓形形色色矣。

不佞自愧非乡村教育专家，然却颇有志于研究，年来感想所及，极愿提出一些意见，用供吾乡村教育界诸同志之参考。

目前南北各方所办乡村改进事业及已组成之改进机关，为数似已不少，但中国幅员如斯之大，人口如斯之多，仅有数十或数百改进区，何补于三万万五千万穷愚弱散之农民？此正所谓持杯水以救舆薪之火也。近且有人置疑于"费钱太多，人才难得，不易普遍"者，其所疑诚是也。顾吾侪平昔亦曾有自勉及互勉之语，曰："钱多则事多办，钱少则事少办，无钱事也要办。"尤以"无钱事也要办"一语，为吾侪所拳拳服膺，匪惟不视为滑稽，且竟奉之作金玉也。试思劳我之心与力，使人受其利，免其害，导之以趋善，勉之以向上，助之以自立，为之介绍良法，以改良生计，何尝费一文钱乎？

是以不佞极端主张中国办理乡村改进事业，应立定次列两个原则：

一曰，普遍——能使改进效力普及于一般农村。

二曰，经济——不多费钱而可以办事有成效。

惟其经济——用钱不多——而后可以普及，亦惟欲谋普及，其势不能不取经济主义。

惟欲使乡村改进事业，能普遍而不费钱，必得人而后才可以收实效，否则机关遍设，费钱无多，而职员坐领干薪，一事不办，又复何益？盖所谓"普遍"，所谓"经济"，皆指能办事且办事有成效而言，此则不可不辨也。

若论今日中国办理乡村改进，其真正目标，应在教育上，政治上，经济上三方谋充分的发展。尽可因办理人之学识，旨趣，责任，种种关系，不免稍有偏倚，但专司教育者，断不能忘怀于农民之组织，漠视夫农家之生计。以推广新农业为目的者，亦必借学校及讲演，以开通智慧，借医药以联络感情。开会集议之事，更为事实上所不能免。专注意于政治方面，舍却教育生计，岂不嫌其空疏？可知三方只宜相顾相关，断不容相离相异。再就实际效力以言，更应以教育为最重要工具，最根本方法，一切农事改良，经济合作，筹画公益，从事集会等，必教而后能知，知而后能行，是以"富"与"教"宜合为一，"富""教"与"政"亦宜合为一。此或为不可易之之定理乎！

至于今日各方所办乡村改进事业，机关或大或小，人员或众或寡，经费或丰或绌，中心或在此或在彼，诚不能一致，吾以为尽可任其自然，固不必强其一致，且亦不必希望其一致。如果前文所言三项事业，皆能得有专门人才，各领其事，组织完善，并辔而驰，此固大佳，自应多多益善。万一不能，则愿各地多数热心之士，真能了解此项事业之重要，自愿划区自试，各依普遍经济两原则，不断努力，切实进行。吾人惟一希望，则是此项机关，愈设愈多，此项事业，愈推愈广。只要遵轨而行，皆是于民有益。彼乐善好施者何必施财于无用之地？不妨择一乡，设一区，以救此一乡一区农民也。有财者欲为老辈留纪念，不妨拨款万金或数万金，委托友人，专办此事也。组织固无取整齐，经费亦不必限定多寡，或就九式（或在九式之外），任取其一，皆可施行。区长先生，有余力，可以行；镇长乡长先生，有余力，亦可以行；小学教员，有余力，更可以行。吾人均当加以赞美。自耕之农，生计充裕，有志公益，愿行焉，则尤为国人所欢迎。一己有钱，慷慨捐输，造一桥，修一路，功德固不朽，无钱而能奔走联合，能使多数人感动欣喜，各愿出钱，以成美举，则德泽亦永在一乡。即使一乡民众，无钱可醵，而能疏解其纷争，慰藉其劳苦，告以时局消息之重要，勤以做人处世应有之方针，再进则为之介绍新农术，为之指导组织合作社，其有裨于农民，又岂浅显？乡村改进事业，本可以多元的方式表现之，多元的方法实施之。经费丰绌，人才多寡，范围大小，何必斤斤计较？亦无庸斤斤计较。聚一点一滴之水可以成江河，聚一匡一匡之土可以成山岳。吾深愿此种形形色色不必相同之乡村改进区，遍于全国也。吾尤愿能担任乡村改进事业之人才，遍于全国也。

惟热心赞助乡村改进之人易得，实力担任乡村改进之人难求，故就目前需要言，造就多数乡村改进人才以布散于全农村，诚为十分重要矣。论造就方法，不妨多出其途：专设机关以养成之，一也。于普通中学，或师范学校，设科训练之，二也。依做学合一主义的原理，在乡村改进机关内，随做随学，随学随做，三也。由会议研究，磨砻而陶铸之，四也。读书运思，自求知识，自明道理，并就本乡着手试验，心得既多，技能自精，五也。

若依不佞个人所理想：窃以为中国乡村改进，本是目前一种过渡办法，将来义务教育，普及乡村，自治完成，农会健全，各地农民，生计充裕，各地经济合作社皆成立，此时改进办法，便成过去。惟在此改进办法进行过程中，极希望有一种农村学校产生（亦可称为理想的学校），其程度属中等教育，目标在养成多数能改良农事，能管理村政，且愿永留乡村之青年，此则农村之柱石，而亦国家之栋梁也。入学资格，当于高小毕业，入学时年龄，在十六岁以上，二十岁以下。修业年限，少则三年，多则五年。教学方法，不专重读书；耕田，治事，或视读书尤重。不专注重输入式的教授；自修讨论，应与讲授并重。更不必终年上课，农忙则返家，农隙则到校；阴天则读书讲论，晴天则下地工作。调查社会，召集会议，代写文书，调停争议，皆属治事，即皆为学校课程，无呆板的毕业考试，以真正能用新法种田，确实能增加产量，真正能组织团体，确实能筹办公益为毕业的标准。除关于农事，经济，政治，教育课程外，中国文化史，个人人格修养，体格锻炼，军事训练，均应特别注重。此项学校，希望一县能有五所，养成之人才，每五十户中能有一人。此项人才，一方助乡村改进之进行，同时一方促乡村自治之成立，是真由"村教"以达于"村治"时之惟一过渡桥梁也。①

然而理想毕竟是理想，无论此种学校，一时不易得，即得矣，又岂能多？而乡村改进，需才孔亟，若来源专恃学校，又乌乎可？前文所述，造就人才，厥途有五，一二三不可得，则四五亦甚佳。旷观古今中外，特异之才，由于学校教育养成者固多，而由于社会磨砻陶铸者亦不少。天才卓荦，因无师友助之发展，以致湮没不彰者何处蔑有？兴会所至，为之不疲，偶得知心，益增努力。否则古调独弹，兴致索然矣。行一事而奖之者有人，效之者甚众，快心之举，无逾于斯，奋勉之加，率由于此，有奇而获众赏，有疑而获众析，此兴趣之所由构成，而事业之所由发展也。天下事果能得有力者，提倡于上，久之成为一种风气，则身居此风气中者，耳濡目

---

① 参看《理想的乡村中学》一文。

七　多元的乡村改进法及主张省县设立……具体方案　　121

染，知能自增进于无形，而习性更变迁于不自觉矣。由是以言，乡村改进既不妨多出其途，无庸拘于一式，而养成乡村改进人才，更不必专赖于学校，而于学校以外，似宜凭借政治之权力，运用社会之训练，一方可以陶冶成许多乡村改进之中坚分子，一方即用以推广许多乡村改进之实际事业。

不佞以研究乡村教育问题较久，稍稍观察目前中国社会情形——或即为江苏社会情形，极希望县省两方，能合政府及社会之力，各组成一综合机关，以为推展乡村改进事业之原动。依个人意见，确认此事在目前之中国，真是万分重要。且深信不多费钱，不多吃力，而其效能或将过于设学校。

请先言县：县方应先从研究入手，其机关可定名曰"某县乡村改进研究会"。一省以内，不必各县皆设也，宜先划一二县以试办，为期则暂假以一年。主持斯会者为县政府，助之以教育局建设局，及其他重要机关。入会人员，为现任各区公所职员，各乡村镇长，乡村小学校长教员，以及其他有志研究乡村教育之县民。月会一次，集于县城。会时，先讲演，次报告，再次讨论。讲演十二次，约邃于乡村教育学理及富于乡村改进经验者任之。说明其理，指示其法，并介绍应读之书，以期会员闻之益其智，增其能，浓其趣，此则约需二小时至三小时，占会之第一节。讲演既毕，报告开始，甲君起言："我为小学教员。见环校而居者五十户，成人男女失学者近百人。吾悯之。校课完，晚餐罢，聚农友与之谈。谈久情洽，则授以书字，使之识，使之解，使之写，使之缀。一堂六十人，逾三月，成绩殊楚楚。"乙君起言："我任乡长，自愧无以为乡友助。环村有河，河水经年不涸。约乡友三十人，与之谈养鱼之利。众欣然，商定合作办法，各出资本一元，我既为之拟办法，订公约，复赴水产养殖场，请养鱼专家详示以养鱼取鱼之方归，而试之，未期年，获利六十元。今且增加会员，扩大范围，预料将来结果，必更佳矣。"丙君起言："我为自耕农，略知书，家有祖遗田五十亩。耕植勤劳，衣食粗给。悯吾同村农友，贫且愚，愧无法以为助。偶读乡村改进书报,大感动,亟思为贫愚之苦村友,稍稍改善其生活。乃走访乡村教育专家某先生,告以村况,请示南针,研究结果,乃先行两事:一开沟,二用新农具。归而约村友切谈三次,众大感动,户出两人努力从事开沟工作,未逾月而工竣。今岁大丰,收获较往年增及五分之二。"丁君起言:"吾所居之乡,户近百,无邮柜,距城且二十里。而旅外之人,近四十,每月寄信收信,事大苦。自我在此乡任小学校长,察知此事,因走访此四十家,告以吾每月必入城一次,愿代诸君寄信及取信,有不能写信者,并代操笔。事经三月,彼等大感激。今则言听而计从矣。"诸如此类,每一会继续报告,少则五六人,多则数十人。时间不必过于限制。人多或可改用书面。此则占会之第二节。报告毕,继以讨论。赵君提出问题,谓:"吾乡素苦螟虫害,而乡民不知驱除,吾欲用新法而苦不得门径,应如何?"钱君提出问题,谓:"吾乡饮料不良,亟需设法,个人主张,就百户之中心,凿一井,需款约五十元。平均每户出五角,即可蒇事,而苦于无人倡率。个人颇有倡率之志,而方法步骤,拟而未之决。究应如何办理?"孙君提出问题,谓:"吾觉方今外患日亟,而民气消沉,似宜远师古人农隙讲武之义,近仿日本青年训练之方,日讨国人而申警之,以鼓舞其爱国心,并为合群互助的组织,卫乡卫国的设备,究应如何分区筹办?请讨论。"李君提出问题,谓:"乡村改进事业中,首宜注意于生产。但吾于农事,未之学问。而观察吾乡,农事应改良之点甚多。乡中无公款,不克请农事专家来任指导。无已,吾其与某农校,某农场,力谋联络,前往请教乎?此法是否可行,且究应如何行?应请公决。"凡此应讨论待讨论各问题,每会多或百余起,少亦数十起。有可以当场讨论解决者,则决之。有不能即决,须访专家代决者,则推定数人任接洽焉。此则会之末一节也。一次会终,必有详细记录,印而分发于各会员。一年十二会,年终必有一详细报告册,印而分售。会员愿购,则可酌减其值。平日会员出席,除用少量旅费外,无所消耗。凡有志于乡村改进者,皆可借此会以增进其知能，激进其兴味，试办其事业。一年之后，加以考察，全县实施改进者共得若干区，每区共办若干改进事件，热心从事于改进事业者若干人，不费多钱，或竟不费一钱，而其措施确能有益于民众者若干事，一一记录而著于书。经县政府会同各局，认定一年以来，因有研究会而确有成绩可言也，则不妨胪举其事实，呈报于省政府，供参考。倘省府以为善，再令行其他各县，使之仿效，俾此方法愈推而愈广，则乡村改进之前途，当益康庄而光明矣。愚不敏，谨拟具体办法条文如次：

某县乡村改进研究会组织办法

一、本会以研究农村实际问题，谋改进事业之普及，并促进乡村自治早日实施为宗旨。

二、本会由某县政府教育局建设局及其他地方重要机关发起召集，并由县政府派定职员，专司会务。

三、本会每月召集一次，其开会地点及日期，由县政府先期通告。

四、本会开会，以县长为主席，县长缺席时，得先期商请代理人，临时代理之。

五、凡本县各区区公所职员，各乡镇长，各教育实业机关职员有志研究乡村改进事业者均得报名入会。

六、本会每次开会，均须施行下列三事：

1. 讲演　由县政府邀请乡村教育专家，先期拟定讲题，到会讲演。

2. 报告　由各会员自行报告研究心得，及实地工作概况。（会前书面报告，或会时口头报告，均各随其便。）

3. 讨论　由各会员提出实际问题，共同讨论，其有不能解决者，得由主持会务之机关，转请专家代为解决。

七、本会每次开会，均须推定一人或二人专司记录，会毕须将记录印发各会员。

八、本会经过一年，须制印会刊。

九、本会会刊，得定价发售；惟对于会员，得照原价酌减十分之五至十分之七。

十、本会试行时期，暂定为一年；一年期满，如认为有效，可由县政府缕述经过事实，呈请省政府令行各县酌量仿办。

继此便可以言省矣。省之机关名称，可曰"某省乡村改进委员会"。此项机关效用，则在联合全省已有之改进区及全省各处埋首从事于乡村改进工作，或热心提倡赞助乡村改进事业之人，沟通其声气，情感，志趣，设法使之增进知能，改善方法，且予以安慰，益其奋勉。迨同志日多，播成风气，人才自易乐趋于田间，一国改治教育，到此才有办法。会内组织，可分四部：（一）研究部。应委托专家，专司其事。（二）讨论部。通信讨论，无定时；开会讨论，每年两次。讨论有不能猝决之问题，则移付专家，代谋解决。（三）考察部。考察必根据于报告，在会各机关，每三个月必报告一次，实施考察时，或委托教育厅督学兼任，或委托省立教育学院兼任，或临时特约富于乡村教育研究之专家任之，均可。（四）奖励部。各乡村改进机关，如经过考察，确认为成绩优良，则应予以相当奖励。其有费款太多，成绩不佳，或虚有其名，毫无实际，或办理错误，发生流弊，则宜详加指导，加以纠正。考察之初，须定标准，且不妨分别等级。总揽会务，有委员会委员，委员有长，则省主席任之。各委员则由有关系之各厅长任之。酌量情形，亦可加入社会方面相当人物。委员会每月至少开会一次。平时会中常务，可设秘书一人，助理二人处理之。用费务求撙节，办事必求实效。如须特设训练人才机关，或实验事业场所，务宜详加审慎，或不必自设，委托其他机关代行之。根据以上所述理由，谨拟具具体办法条文如次：

某省乡村改进委员会组织办法

一、本会以联合全省乡村改进机关，谋改进方法之完善，改进效力之普及为宗旨。

二、本会由某省政府主持办理。

三、本会设委员九人，除省主席，民政厅长，教育厅长，建设厅长，农矿厅长，为当然委员外，得延聘社会方面相当人物加入。

四、本会分四部：

1. 研究部　除本会委员兼任外，得聘专家或委托教育机关专任其事。

2. 讨论部　每年开讨论会二次，由委员会召集全省乡村改进机关代表行之，平常则用通信讨论。

3. 考察部　由教育厅长领其事。

4. 奖励部　由省主席领其事。

各部办事细则另定之。

五、本会每月开会一次。

六、本会设秘书一人，助理员二人，处理日常会务。

七、各县乡村研究会，每年应向本会报告一次，并得推举本县境内改进成绩最优之区，商请给奖。

八、本会经费，应列入省预算。

九、本会暂定试办期三年。

八　呈请上海市教育局转呈教育部文

既具有造就农村人才的理想，总想得着机会去试办一下。职业教育社，在民国十九年已经在徐公桥招收十位学友办过一次"乡村改进讲习所"了。二十二年秋，又扩大规模，办了一个"漕河泾农学团"。此文是在农学团成立后为职教社做的，原系公文书之一种，其中关于农学团的办法，总算是已经择要的说出一些了。

呈为创设农村服务专修科，试验特殊教育，仰恳鉴核转呈教育部，特予核准备案事。

窃敝社历年创办各种教育机关，大都含有试验性质，总冀以一得之愚，贡献社会。近五六年来，先后筹设农村改进区多所，其为复式组织者，有如江苏昆山县之徐公桥，划区设会，包有教育，农事，卫生，合作各项机关；而单式组织，则仅以一乡村小学为中心，发挥其社会教育效能，辅导农民，兴办各种福利事业，如浙江余姚诸家桥小学，是其适例。当此农村破产，举国惶惶，倘使此种事业，能普及中邦，则于复兴农村，似亦不无小补。乃者各方有识，注意及此，已不乏人，近两年间，到社访求人才，切属推荐，络绎不绝。敝社深维此项农村服务人员，既须农事学识，与教育知能，双方兼备，尤须具有刻苦耐劳习惯，舍己为群精神，更能了解农民心理，善于调度肆应，立定服务志愿，淡于利禄浮名。如此人才，似非通常教育机关，所能完全造就。而况近来所谓学校教育，大半重形式，尚理论，对于实地工作的训练，师生人格的交感，漠视者多，重视者少，其与养成实用人才之旨，未免背道而驰，事实彰彰，亦无可为讳。敝社一部分职员服务农村，经多年之切磋琢磨，乃始积成一些实际经验，而事业日形发展，人员调用，早感不敷，对于社会需求，当然无从应付。久拟集中精力，创设一特殊教育机关，专用以造就农村服务人才，借供各方延揽。三年以前，曾在徐公桥小试其端，惜人数太少，时间短促，且训练方法，诸多未周，虽有相当成效，而自视甚觉歉然。最近则农村衰落，其势益甚，社会需要，较昔尤殷，爰不自揣，就上海市漕河泾地方，筹设农村服务专修科一所，借款购田四十亩，复与沪西园场合作，借用园田七十亩，以供种植；赁用姚氏别墅房屋以为校舍。发布简章，招收高级中学毕业，或与高中毕业程度相当，曾在社会服务，确切有志农村服务之学生三十名至四十名。招考时，先令有志投考者，各寄自述文一篇，察其文，观其志，以定准考与否，结果投文愿考者一百十八人，而准考者只有七十三，考试时，所列题目有体格检查，国文论说，常识问答，田间操作，十分钟谈话，五分钟演说，结果，共取得三十四名。此三十四名中，正式高中毕业者十四人，其余则多为乡村师范毕业生，大率任过小学校长教员多年，毅然舍去固有职务，来此愿受特殊教育。现已于本年十月十日开学，经过三周间生活调融训练，于十月二十八日起，按照课程，正式授课。毕业期限，定以两年。暂时先将第一年课程，分别拟定；并根据课程，揭出三语，以为教育之总目标：一曰自养养群，二曰自教教人，三曰自卫卫国。至课程种类，亦大别为三：一曰教育，二曰农事及经济，三曰村政及组织。除此三类外，极端注重精神陶冶，军事训练，事务练习，以期养成健全人格，处事才能；更使明了本国文化，世界大势；并完成其吸收知识发表意见的必要工具。所有教育方法，不拘拘于机械式的讲解，而重在自动研求；不斤斤于书本上的知识，而重在实地工作。其在室内也，有固定讲授；有特约讲演；有指定书籍，令其阅读；有开会讨论，练其才献；有日记按日缴阅；有札记按期呈改。其在室外也，有农事操作；有家畜饲养；

有气象观测；有社会调查；有划定改进区，指明各项改进事业，令其分别练习。师生共劳作，同起居，既采取军队化，以严整其纪律，复采取家庭化，以融洽其感情。务使手脑并用，才德兼修，以达到全人教育之目的。学生学费，一概免收，第一年每生每月只用膳费五元，第二年以农产所获，并饭费亦可自给。平日在校，无寒假，无暑假，即星期日亦仍照常工作。开学以来，学生工作之兴趣颇佳，研究之进程亦速，自觉此种特殊教育，尚值得努力一试。同时适有上海鸿英教育董事会，以开办小学，须先训练师资，乃以鸿英乡村小学师资训练所，委托敝社代办，爰代招收有经验之师范生十五名，加入公共训练。此项训练班，修业期限，虽仅为一年，而所修课程，核与专修科第一年所习者大体无异，因将两方学生，混合组织为农学团，借免歧异而便训导。又以校址在漕河泾，即冠以地名曰"漕河泾农学团"，借资识别而便称谓。以上所述，是为农村服务专修科创设缘起及教育实施大概情形。

　　查创设专科以上学校，应遵照部章，呈请立案；但以此种教育，情形不无特殊，且基金一项，按照部章规定，为数颇多，敝社经济，夙苦拮据，一时实艰于筹措；倘使移借他款，以供临时检验，则事近欺蒙，虽免法律制裁，亦难得良心许可；教育为何等事业，敢不特加慎重？思维再四，惟有将实在情况，缕晰详陈，拟请钧局俯念敝社办理此项特殊教育，含有试验性质，势与通常学校不同，准予代为婉陈下悃，转请教育部核准备案；一俟试验告终，再行详报。为此检同各项表册，呈请钧局鉴核赐予转呈，不胜迫切待命之至！（下略）

九 《六年试验期满之徐公桥》序文

中华职业教育社，于十七年春夏间正式接办徐公桥乡村改进事业，当时定下了一个六年计划，到了二十三年六月底，居然试验期满了。爰由主管人员编成一部报告，就是《六年试验期满之徐公桥》，著者为之作序文一篇弁诸首，文内特提出三项主张，意在就正于海内同志。此项主张，合理与否，诚不敢说，但是纯由辛苦经验中得来，却是可以自信的。

徐公桥乡村改进区，六年工作计划试验期满，将于民国二十三年七月一日，举行交代典礼，完全将一切已办就的事业，由主办人中华职业教育社，交于徐公桥本地人士接管。事前有报告册印行。主编报告册的先生，要我作一篇序文。论理我既不可以辞谢，论情我且不能已于言。因在事务十分冗忙中，抽出一些工夫，写出我所要说的感想和意见。

徐公桥乡村改进区，是发起创办于民国十五年冬，当时合办的团体，却不止一个，十六年后，曾略略停顿过一些。至民国十七年春，合办团体，各自分散了，乃由中华职业教育社独力担任经营的责任。因于十七年年度开始，有六年分期进行计划的议定。此时我也刚刚到职教社任事，对于徐公桥改进事业，感觉到有特别兴趣。平日常和最初发起创办人黄任之先生及其他各同事，讨论得失，研究利弊，可以说六年以来，没有间断。中间并且南南北北，也走过了许多农村教育机关及农村改进机关，到了一处，除留心考察外，并和主办先生们，详加讨论。光阴如逝水，一转瞬间，徐公桥改进工作，预定的六年期间，已经告终。而我个人所积关于乡村改进事业的感想，也着实不少，屡经分解变化的意见，更是不一而足。现在意见却不敢说已经固定，可是就六年来直接间接经验之所得，似乎已渐渐成功一些系统化，不像那以前浮动不定了。能趁这个机会，把我的感想，我的意见，赤裸裸的说出来，不是一件很难得的事么？

徐公桥改进事业，经过六年间的经营努力，学校由一所添到六所，学生数由一百六十余人，添到五百三十五人，从前成人识字的，只有五百六十人，现在则有一千五百二十四人。狭窄不平的小道，改筑成宽大石子路共有六华里，泥路共有十一华里。修筑石桥木桥共有三十一座。置有农场田二十二亩。仓库也有了；诊疗所也有了。河内有由合作社所公养的鱼；家内有由鸡场分来意大利种的鸡。花边和绣品制成，也能卖到上海去。不着袜的农民，也能登坛讲几句话，报告一些工作。合作社共有六所。改进会各分会会员，共有四百六十二人。这皆是写明在报告册内，有数字可考，有事实可证的。这怎能说不是小小成功呢？

可是，我们本着薄于责人厚于责己的良心来想一想，放开复兴民族排除国难的眼光来看一看，能满意么？绝对不能满意！不惭愧么？真是万分惭愧！

第一，徐公桥一个小小地方，经过六年改进，共花了国币一万七千三百元，还能说这不算多么？以这样金钱，办了这样事业，"货"与"价"，相当不相当呢？恐怕要成为一种问题罢！解释这问题的，固然有见仁见智的不同，但希望改进事业的普及，可以说我们总是一致的。可是，以中国幅员如此之广，农村如此之多，安能有了三四百家的乡村，即有一个改进区，即有数千元去栽培他呢？如若不能，还不是杯水车薪，无济于事么？

第二，就徐公桥立场来说，中华职业教育社，总是一个外来的团体，六年之间，他花了一万七千三百元，各种事业办完之后，派来的职员也调回了，经费也不再贴了，本地人怎样办呢？倘使职教社能替徐公桥把基金筹好，或者农民生产力因改进的结果，已有相当的进步，有十分之八的人家，除自身生计充裕外，还可各拿出一些款子来充作地方公益费用，交代以后，可算是无问题。现在能够这样么？不错，徐公桥热心农友，共同醵资购置公有农场二十二亩，万年公墓一所；诊疗所，仓库，小学均有相当的房屋；小学也筹有四千余元基金；这不能不说是他们的公有财产。可是，这一点，能够维持么？当然不够。所幸有了县农民教育馆，能来和改进会合作，县政府又肯每年拨来一千五百元，作为接收后的费用，故暂时可以无虑。不然，如何能放心呢？

以上两层，的的确确，是我们办徐公桥改进区的人，所认为要成为问题的。有问题而未能解决，这是我们极不满足的，凭依其他势力，目前使问题暂不发生，这是我们万分惭愧的。

可是，在这种愧悚警惕之中，却也能使个人改进了许多见地，增长了许多识力，似乎从黑暗长途中也能摸出了一条光明大道。因此不敢自阙，敢以所见，忠实揭出，就正通人。

第一，以后，宜多办单式组织的乡村改进区；复式组织的，最好少办。

单式组织，是以一个乡村小学校，或一个农民合作社做中心，对于附近农村，划成一区，施行改进工作。如徐公桥，是一个复式组织的改进区，他设有总机关，总机关下有小学校，民众学校，诊疗所，合作社，仓库，农场等，是以一个大机关，包括了许多文化教育经济保卫的许多小机关。论到魄气大，效力宏，当然是复式组织好；然而用钱较多，不能持久，则短处也是无可讳言。单式组织，不多用人，不多用钱，能持久，简便而易推行，这些长处，均极可取。目前建设农村，已为万不容缓之事。欲求建设有效，其势不能不求普及。欲求普及，惟有设法推广单式组织的改进区，使之普遍于各省各县耳。至如何养成许多农村服务人才，以供各改进区之用，那是乡村师范教育，乡村中学教育，应该如何扩充如何改进的问题，此处可以存而不论。

若复式组织改进区，当然也不能不有，但是一定要具有下列各条件：（一）由教育机关所附设，专用以训练人才并试验力法的。（二）由社会团体或私人筹定相当的款，地方又有机关愿与合作，有领袖愿尽助力的。（三）由省县政府拨定专款派员特设的。如无以上之一种情形，还是以提倡多设单式组织的改进区为好。

第二，办理乡村改进区，入手之初，要握住三个重心。三个重心，是什么？（一）普及教育，（二）推广合作社，（三）注意公共卫生，应认此三件为一切事业发动的枢纽。

就教育言，应分儿童保育，青年训练，成人组织，妇女集会数种，要同时并进。实施方式，有是学校的，有是社会的，有是家庭的，因人而异，不必一致，亦不能一致。教育要以经济生产为惟一中心，以组织团体完成公民道德，发扬民族精神，训练保卫能力与技术，为重要目的。合作社，应与教育联合并进，并互相辅助。关于农村经济问题，如避免高利贷，购入廉价种子肥料农具，联合卖出农产品，不致再有人欺凌剥削，结合经营集团农场，采用科学的新方法等等，皆可凭借合作社之力以解决之。并且团体生活的训练，互助精神的养成，服务德性的增进，皆可于进行合作社时逐渐得之。

注意公共卫生的理由，可以不必多说。应注意的：施行之际，要有简单的药库，要有略通卫生医药常识，能种牛痘，能打预防针，能治疟疾痢病的普通人员，在乡村服务。此事关系乡村人民幸福极巨，而博得农民的信仰亦最深，入手改进之初，应先注意及此。

以一个乡村小学，能有二三位先生，一面教小孩，一面教青年和成人妇女，有时在校内工作，有时到农家去工作，划定学校附近一二百家做教育对象，信用既立，关于筑路，修桥，息讼，置公墓，风俗改良等事，自然皆易进行，毫无阻力，多余表面的装饰，无意义的运动，只凑热闹的娱乐集会，希望愈少愈好。

第三，办乡村改进的人员，应预先约好几个学术机关作后盾。

农村服务人员，除一部分担任设计指导的，要经过专门的训练和高深的研究外，其余只要具备一些经济农事医药常识，明白教育及地方自治的道理，能担任乡村小学教员而又精明强干，刻苦耐劳，热心服务，也就够了。最要紧的，是使他能到各处去贩货，去取方法。比如改良农事罢，一定有一个农学院或农事试验场在他背后，遇有问题发生，便转身去讨教，贩得好货，取得好法，马上回来，就交给农民。推而至于卫生医药，一定要有一个医院跟住，合作社一定要有一个金融机关跟住，其理亦同。就是关于教育的实施，也要有一个研究机关，立在他的背后。如此，则办理改进的先生，便完全站在学术机关和农民两方中间，做一个介绍者。这样一来，高高学府的文化恩惠，可以下及于胼手胝足之人；而无知无识的农人，也可沐受文明的日光，渐渐提高地位了。我以为这一层，凡是办理乡村改进事业的人们，应该首先认定，并且要首先准备。

以上三项，总算是一点小小心得，究竟对不对，我也不敢说，极愿农村教育界诸同志们，加以指教。

此外还有一点要说的，像徐公桥这一类复式组织的改进区，或其他各处单式组织的改进区，皆是以私人团体或纯粹私人之力办的，试问国内能有多少呢？其由省县政府拨款派员筹办的，也不是没有，可是数目更少了。现在要希望普遍的推广，势非大规模举办一下不可。大规模怎样办么？我以为应合政府，金融界，教育界三方之力，联合组成一个协作团体，筹定的款，立定计划，先从训练人才入手，以多元的方法在短期间内谋乡村改进事业普遍于全国。这并不是不可能的。其详细办法，容当著成专篇，就教于海内贤达，此处我只能引出一个端绪，尚希读者特别鉴谅为幸！

十　农村改进之路

这一篇短文，是在二十二年春间作成的，曾在一四三期《教育与职业》上发表过。当时著者每每感觉到仅有社会一二团体或一二私人，办理此项农村改进事业，结果，总是效力甚微；并且每每感觉到办理农村改进事业，要侧重在青年训练，和推广合作社两事。

我国农民三万万五千万，穷愚弱散，困苦万分，农村濒于崩溃，国本行将动摇。挽救方策，固非一端，而近年来所盛行的农村改进工作，确是各种挽救方策中，比较有把握的一种。

但仔细观察起来，施行此种工作，前途尚多不易解决的问题，兹试举其最著者两项：一、无政治力量的帮助，以资推进，则烟赌等重要恶习，不易除，且包庇烟赌的公安分局，依然从中作梗；放高利贷剥削愚民的土劣，无从绝迹；下级区长乡长袖手旁观，不肯加以助力。如此，则纵有极少数的热忱改进家，苦心经营极少数的区域，仍是无济于事。

二、办一处改进区，办一个农民教育馆，每年要用二三千元，而实际受惠的农民，为数很有限。以中国农村之多，农民之众，如何能够普及？纵使所办者成绩甚佳，亦无异于杯水车薪。

此皆目前的实在情形，无可为讳。然则必如之何而后可呢？依我个人想，要解决此困难问题，应分两方面去设法。

第一，希望省县两级政府的主政者，多数能了解此项事业的重要，下决心，用全力，延聘专家，筹定经费，假以全权，限以时日，就省划出一两县，就县划出一两乡，为试验区，由专家详订逐渐推广的计划，一方训练人才，一方实地试验，参酌邹平办法，而更求其精密切实。待至人才养成，方法确定，便可由一两县推行及于全省，由一两乡推行及于全县。人才最优者，可以为县长，次优者可以为区长，乡长，或县乡教育机关领袖。一省之内，果能有半数以上之县，一县之内，果能有半数以上之乡，农民皆移其风，易其俗，安其居，乐其业，则一省一县已可以称小康，再进而生产增加，教育普及，保卫力量健全，自治基础巩固，便可以称大治。

第二，希望实际从事改进工作的同志，认定需要，决定方针，改良方法，务以容易普及为惟一标准，不多用钱，不多用人，不多费事，不多费时，力求简易，力求切实。当然以增进文化，改良生产，健全组织，为工作三大主干，务使三方连锁并进，而实施之际，并应认定下列两事为目前的侧重点：

1. 拼命推广农村民众教育，并以训练青年农民，为主要目标。
2. 努力倡导组织合作社，即以合作事业，为改进农村经济，训练农村组织的基本。

民众教育机关，不必另设也，可附设之于乡村小学，即以乡村小学为施行民众教育之大本营；合作事业之指导，有专员固好，否则亦可由小学教员兼任其事。假定一个小学内，有教员三人，其中一人分出十分之五的日力精力，专任改进工作，而其他二人，各出其十分之二点五的时与力以助之，则一个小学区内，即有一个专任改进人员了。再有因训练而得相当能力之本区青年若干人以为之助，则全村气象，不难活跃，而一切事业，亦不难发展了。（在规模较大，办理改进成绩较好的农村小学内，亦可招收学友，附设改进人员训练班，以便养成改进人员。）

今日国势已到如此地步，稍有知识之士，谁不愿尽心竭力以救危亡？各级政府不乏贤达，稍稍放大眼光，便能洞见及此。而中等以上各学校，尤其是师范学校，施教施训，更应顾念到这一层，速速养成此项人才，以备实行到乡村去。其现在从事于改进工作之士，也不必畏难，也不必悲观，政府人员，预料不久的将来，一定要走上这一条路。而在自己所办的事业，更要先行认清目标，不要把路走错，虽然政治力量，一时未能得着，仍当一步一步的向前努力迈进。

以上所说的一番话，虽然平淡浅近，不免老生常谈，但个人自信，却是从许多经历中得来，极愿和海内同志商榷一下，并望多多赐予指正！

十一　农村改进与农村教育

这篇文字，是著者受《中华教育界》月刊社嘱托做的，时在二十三年八月，曾登载在《中华教育界》农村改进专号。比较的内容丰富一些，其间说到农村改进与农村教育的关系，说到农村改进事业发展的由来及其特质，说到现在全国办理农村改进的情形，并且说明怎样才可以走通农村改进之路，末了且提出个人三项主张：一、主张多元的推进，二、主张各方互助，三、主张推广单式组织的农村改进区，似乎很可以做讨论农村问题的一个根据，或参考。

一

一桩较新的事件发生，一定先要闹出许多同内容不同形式的种种名称。近几年来，农村事业，总算为大多数人所注意了；因此名称也就自然而然的特别繁多起来。最初的老名称，是"农村教育"；继之而起的，便有"乡村改进"，或"农村改进"；未几又有"农民教育"；近来又有"乡村建设"；还有扩而大之的，竟称着"农村运动"。到了最近一年，更有"农村复兴"一词，传遍于全国。

"乡村教育"，当然是一个教育机关实施教育事业的总名；而所谓"乡村或农村改进"者，则必划定区域，以明实施改进事业的范围，是称"改进区"；联合区域以内地方人士，组成团体，分担任务,是称"改进会"。至"农民教育",则必有农民教育馆的特设机关,以为施教的主体。而"乡村建设",则更是大规模的设立训练农村服务人才研究改进农村方法的机关,从下级政治组织的"县"做起。若"农村运动",则是一切农村事业活动进行的总名。"农村复兴",则是对于全国农村建设所悬的标的。还有不显露乡村或农村字样,而实际所干的,却是农村事业,如定县的平民教育促进会所办的"平民教育",江苏无锡教育学院所办的北夏实验区,又河北江西各县所办的农村方面的合作社,可说是属于这一类。

其实哩,"改进"也罢,"建设"也罢,"运动"也罢,"复兴"也罢,名称虽然不同,而苦心孤诣,希望达到改善农村全体人民生活的目的,还不是一个样子么?再就他的作用说,能和教育脱离关系么?

科举废了,新教育兴了;各县纷纷设立小学校,可是,第一期所设立的,皆是在城镇方面,第二期才轮到乡村。乡村小学,经费少教师差,当然像样子的很少。可是,有几位先生素持城乡平等观念的,自然认为这个办法不对。还有略趋向于重农主义的,觉得乡村子弟,读了书,而与他的父兄农业无关,或竟因读书而脱离了本乡,这种情形尤其不对。同时并且感觉到已往所办中等农业学校,太无成绩,毕业学生,竟和农民不发生丝毫关系;而所谓最高学府的大学农科或农学院,更是高高在上,不知在下复有无量数的无知无识又愚又穷的农民。因此很想得一些理想的乡村教育,有了出名的乡村小学,当然是如见至宝。至宝不可多得,则主张设特殊的乡村师范学校,以养成合于理想的乡村小学教师。还是怕不够,乃又有划区试验,把学校教育和社会教育混合实施的特殊办法。这就是民国十五年以后各处相继成立的乡村改进区。后来主张在乡村方面,专从社会教育入手的,乃有所谓"农民教育馆"的教育。其有认定以创造乡治为建设国家基本的,乃有地方政府所特办的"村治学院"及"乡村建设研究院"。近年来全国农村,因受天灾人祸及世界不景气的影响,崩溃破产,岌岌可虑,于是"复兴农村"一语,乃成为朝野上下一致的主张,设会筹办,著书鼓吹,讨论此项事业的不一而足。但一溯及此项事业的远源,还是由教育发其端。嗣因社会需要,乃逐渐使他的范围扩大,所以论到他的目的,是以教育方法,达到农村的真正自治;论到他的内容,是包括文化,经济,政治三方面;论到他的功用,是冶学校教育,社会教育于一炉,以全区农民为教育的对象,虽然目前南北各地所办的农村事业,不是一样,有的以教育为中心,有的以生产为中心,有的以经济合作为中心,有的以政治组织为中心,有的以保卫组织为中心,有的以卫生为中心,但万言归总,是离不了"深入民间,相机指导"八个大字。所以无论如何,还是以教育为枢纽。不过此处所谓教育,不专是学校式的呆板教育,而是社会式或学校社会混合式的活动教育。

以上所说,是由农村改进事业的名称,说到他的历史发展;又由历史发展说到他的性质,仍复注重到教育方面。虽然为一般人所易知,但要达我论述"如何才能走上农村改进之路?"的一个目的,即不能不有这一大段的开场白。

二

我真不能忘记了最初发起乡村改进区的事和人,在此处很愿意插叙一段,并且说明农村改进所负的使命及其特质。

中华职业教育社最近出版姚惠泉,陆叔昂两君所合编的《试验六年期满之徐公桥》一书,序文中有黄任之先生撰的《徐公桥乡村改进史的最初一页》一篇,中有一大段是叙述乡村改进事业的由来,可转录于次:

今夏徐公桥试验六年期满,这是复兴以后第六年,就是民国十七年四月改进工作复兴以后到今满足预定六年试验期了,复兴以前,还有一段徐公桥开创史,让我来叙述一下。

中华职业教育社为什么发起农村改进工作呢？自民国六年成立后，即便着手试验工商职业教育，而没有及农；到了民国九年，已感觉当时农业教育的失败，而没有认清失败到什么程度和怎样挽救，乃设"农业教育研究会"。于是年九月十月间，征求改进农业意见，一面推定王企华君（舜成江苏省立二农校长），邹秉文君（东大农科主任），原颂君（东大农科教授），调查各地乙种农校，提出改革大纲七条。——《教育与职业》第二十五期。从此本社同人，对于农教，无时不在讨论研究中。

民十四年八月，中华教育改进社开第四届年会于太原，我被推演讲职业教育，提出山西职业教育计划案两项中的一项，就是"划区试验乡村职业教育"。文如下：

"……就农村较便地方，划定一村，或联合数村，其面积以三十方里为度，其人口以三千至五千为度。先调查其地方农产及原有工艺种类，教育及职业概况。为之计划，如何可使男女学童，一律就学？如何可使年长失学者，得补习之机会？如何养成人人有就业之知能，而并使之得业？如何使有志深造者，得升学之指导？职业余闲如何使之快乐？其年老或残废者，如何使之得所养？疾病如何使之得所治？如何使人人有卫生之知识？如何使人人有自卫之能力？凡一区内有利之天产，则增益而利用之；所需要之物品，则供给之。无旷土，无游民，生产日加，灾害日减，自给自享，相助相成。更如何养成其与他区合作之精神，以完成对省对国对群之责任？凡此种种，先设一中心教育机关，就其固有之自治组织，用其当地之人才，量其财力，定设施之次第。其费用以当地担负为原则。划定办理期限与成绩标准，依次考核，试验有效，推广于各地。"

当时山西阎百川省长（锡山），认为切实可行，嘱教育厅长陈君乙和问我如有意在山西试办，请多留几日，从长计议。乃于九月六日偕东南大学教授冯君梯霞（锐）、赵君叔愚，复至太原。在两星期间，调查了晋北忻县定襄县，晋南榆次，太谷，灵石等县，指定樊野场村（忻县），待阳村（定襄），静昂村（灵石）为试验区。在当时的督署勤远楼开会报告，约期再来实地筹办。——以上详《教育与职业》六十九期黄炎培《在山西三星期间之工作》文。不多几时，兵祸纷起，就无形停顿了。

吾偕冯君赵君商，华北既没法进行，何不就在江南试办呢？乃决定联合中华教育改进社，中华平民教育促进会总会，东南大学农科教育科，共同试办划区农村改进工作，于十五年五月三日，订定《试验改进农村生活合作条件》七条：

一、署名于本条件之各团体，为抱同一之目的，原以合作方法试验改进农村生活，因商定本条件。

二、合作方法，由每一团体各推代表二人，组织董事会，主持计划改进农村事宜；由董事会组织执行部执行之。其细则由董事会定之。

三、合作机关费，由各团体平均担任，每机关每年以银二百元为限。如有不足，由负有全国名义之中华教育改进社，中华平民教育促进会总会，中华职业教育社分任之。其每机关加任之数，以一千元为限。事业费由各团体视其所任事业性质范围，分别担任或筹措。

四、关于试验经过状况，应与执行部按年编制报告书，由董事会核定后，报告于各团体。

余略。

是年五月十五日，在南京举行成立会，我偕袁君观澜（希涛）代表本社出席，通过董事会简章九条，我被选为会长，陶行知君为副会长，徐养秋君（则陵）为书记，邹秉文君为会计；并推赵叔愚，顾倬，冯锐，杨鄂联，唐启宇五君组织调查设计委员会，以赵君为主任，勘定地点，规定进行。以上见《教育与职业》第七十六期。

调查设计委员会，对于选觅地点，取交通之便利，认定向沪宁路一带进行；又以该路东西两端地方状况不同，拟各选一地，分别试验，以资比较。——西段后来选取镇江的黄墟，——东段假定昆山，地点适中，距上海不过远，民风纯厚，地方领袖，为方惟一（还），蔡望之（璜）诸君，皆公正热诚。当时县知事吴士翘君（邦珍）且是本社同志，像昆山可认为理想区域。乃于六月十日我偕冯君梯霞，赵君叔愚，杨君卫玉，徐君仲迪（代表唐君启宇）赴昆山会议，结果，蔡君望之请把他的家乡徐公桥为试验区，立即前往，经过冯赵杨徐诸君数日间之调查研究，略略的定了计划。

是年七月五日南京开联合改进农村生活董事会，由调查设计委员会提出报告，议决以昆山徐公桥为第一试验区，仍继续调查其他地点，以便规定第二试验区，而以赵叔愚君为本会执行部主任。——《教育与职业》第七十八期。

在赵叔愚君指导之下，那年十一月便成立了"徐公桥联合改进农村生活事务所"，议定李君企常，程君寿安为干事，常驻徐公桥，办理一切，草定改进农村生活事业大纲。那时候蔡君望之以外，蒋君仲钧，徐君德明，蒋君云翘，张君越人，还有不及举出姓名的地方诸领袖，以及徐公桥小学校长徐君柏才都很热烈地干办。那时候，徐公桥只有一个乡立第三小学，即今中心小学，无逸堂还没有建造，事务所设在保卫团事务所，即今公安分局驻所，开会有时借小学举行。我与杨君卫玉时时前往参加，赵君叔愚奔走更忙，当时所订改进大纲：（一）散布改良种子，驱逐害虫，提倡副业。（二）改进小学教育，推行义务教育。（三）推行平民教育。（四）施行职业指导。（五）提倡贩卖购置或借贷等合作组织。（六）筹设通俗图书馆及演讲所。（七）实行卫生运动。（八）提倡修治道路，栽植树木。（九）劝导戒除烟赌。（十）增加娱乐机会。

没有多时，终于在万分困难的环境中，不得已而停顿，至十七年才入复兴时期。……

"乡村改进区"，办理的由来和开始试验的地点，大致可以明白了。同时也可以明白中国十七年以后，各方所办的农村教育，农村建设等，凡是划定区域，以全区农民为教育对象，从事改进工作的，尽可办法不同，大概皆和这一个方式相类。

后来中华职业教育社，编著《职业教育之理论与实际》一书，中有《农村改进》一章，是由我担任撰述，当时我对于农村改进事业的意义，很大胆的写了次列一段的话：

"农村改进"，是就一农村或若干农村，划成一个适当区域，依照理想的能实现的预定计划，用最完善的方法技术，以化导训练本区以内的一切农民，使全区农民，整个生活，逐渐改进，由自给，自立，以达自治，俾完成乡村的整个建设。此种区域，称做"农村改进区"，或"乡村改进区"。改进区内所办各项事业，称做"农村改进事业"，或"乡村改进事业"。从事农村改进事业的人，称做"农村（或乡村）改进者"，或"农村（或乡村）服务者"，亦有径以"农村（或乡村）运动者"称之者。依照普通习惯，有时并可称做"农村（或乡村）导师"或"农村（乡村）指导员"。

并且为辨别农村改进与农村教育，农业改进，农村自治的不同，又有次列三段的话来说明。

农村改进与农村教育（狭义的），是一部分相同，而非全部一致。因为教育事业，原包括于改进事业之中，而改进事业，却不限于教育一种。又照通常习惯，所谓农村教育，大率指农村小学而言，而在农村改进事业中，所包括的教育范围，则至广且大，凡一切学校教育社会教育皆属之；甚且再将范围扩大，竟不称以教育而径称以教化或文化。盖凡与农民相接触，无论取何方式，足以使之发生反应，因之影响及于生活的，其工作或作用，皆可以教育或教化目之。若就其形式一方言，则又可概称之以文化焉。

农村改进，与农业改进，当然有极密切的关系；但只能说改进农业，是农村改进事业中较重要之一项，绝不能说农业改进，就是农村改进。依实际情形言，当然农民所业者农，生计所关，影响及于全部生活至大。苟农业能改进，则农民生计裕如，各项文化等事业，一定推行便利。不过物质问题以外，对于精神方面，亦绝对不容漠视。况且如组织合作社办水利等，性虽属于物质经济，却不仅是农民一家一身之事，势非有共同组织不可。既需组织，自然要涉及精神方面，并且和教化训练有关了。

农村改进，与农村自治关系和异同，又怎样呢？农村自治，是农村改进的目的，改进工作就是为达到农民真正自治的手段。通常有一种误解，以为改进事业，多半为自治事业，因而认定办理农村改进，也就是办理农村自治，此则不可不办。真正的农村自治，一定要百分之八十的农民，个个皆能自给自立；百分之六十以上的农民，个个皆能自治。这当然不是可以一蹴而企的。如何使个人生计充裕，如何使公民常识丰富，如何使具有组织能力？自非经过相当的教导训练不为功。倘未备上列三项资格，而贸然令其办理自治，则是假自治，而非真自治。真自治何由成？则应以改进工作为阶梯，为津渡。盖必由此改进之阶，方可登自治之楼；亦必由此改进之津，方可登自治之岸。改进过程中的种种村治训练，固为真自治之直接预备工夫，即其他种种文化的设施，经济的增进，亦莫不与建设农村真自治有联带的关系。

结论且揭出"教""富""政"三个字，认作改进事业三大柱石，并说明其交互关系。事隔三年，现在觉得所说的话，还嫌未能十分圆满贯通。盖论到农村改进事业的分类，当然教富政三方并重，而论到进行运用方面，仍当以教育为重心。比如说如何普及教育，如何增加生产，如何组织团体？当然是三方并列的；但增加生产，要着手组织合作社，合作社如何组织？事前既要有相当的劝导，临时又要有会议的训练，这就不能不说是一种教育的功用了。团体如何组织？要有公民常识的灌输，要有严守秩序的训练，这还不是教育么？所以教育一项，实在是三方的总策源，是三方的神经主系。这一层却不容不补充说明一下。

以上所说，是关系于理论方面，对与不对，我却不敢说，这是要向海内贤达请教的。

三

那末，我更要说一说目前各地方所办的农村改进事业的情形了。要想把一个一个改进机关取来详细论列，既限于材料，又限于篇幅，当然势所难能，无已，且专就他们的办理主体来分类说一说罢。

（一）由私人教育团体，筹集经费，特派专员，在指定的区域内，联络地方领袖，努力进行的，如中华职业教育社所办的徐公桥乡村改进区，中华平民教育促进会所办的定县平民教育实验区。

（二）由本村中心改进人士，组织团体，自行办理的，如河南安阳县中山村的自治社，江苏太仓县长泾桥乡村改进区。

（三）由学校教育机关，对于学校附近居住的农民，施行改进工作的，如各处乡村师范学校，乡村小学所办的推广工作，及改进工作；又如燕京大学社会学系所办的清河试验区。

（四）由农民教育馆或乡村民众教育馆负责办理的，如近来各处社教机关所办的农村教育事业。

（五）由一省行政机关主持其事，先行训练农村服务人才，分散各地，组织民众学校，即以民众学校为中心，实施改进工作的，如山东乡村建设研究院。

（六）由政府筹款派员，划区办理的，如经济委员会江西办事处在江西所办的县中心服务区，及江西临川县所办的实验区。

（七）由宗教附设的团体，纯本感化主义，划定区域，实施改进工作的，如苏州基督教青年会所附设的唯亭山乡村服务区。

（八）由农业教育机关为推广农作物的优良种子及关于农业的新方法于农民，特设推广区，而在推广区内，兼施改进工作的，如金陵大学农科所办的安徽乌江推广区。

（九）由办理乡村保卫入手，即以保卫机关兼施广义的农村教育的，如河南镇平县。

（十）以合作社为中心，施行乡村改进工作的，如河北江西各县所办的乡村合作社。

如此说来，农村改进的方式，竟有十类之多，若就其事业的目的及其组织的形式，再加判别，似可得次列两项：

甲、就事业的目的分之：

一、正宗教育的改进事业。

二、非正宗教育的改进事业。

乙、就组织的形式分之：

一、复式的组织。

二、单式的组织。

正宗教育的改进事业，大概是以教育为主体，所有改良经济，训练组织，皆一依教育方法行之。非正宗教育的改进事业，并非不重教育，但事实上仅视教育为辅助之用，而另有他的主要目的。正宗教育的复式组织，大都带有试验性质，所以用人用钱皆较多，而所含的部分亦较杂。单式组织，则取已经试验好的方法，依着已造好轨道，向前进行，用人用钱皆不多，所以希望他能普遍能持久。

这是近数年来国内各处所办农村改进事业的大概情形。

四

继此，我便要讲到如何办理农村改进事业的问题了。换句话说，便是"怎样才可以走通了农村改进之路"。

依照目前中国需要情形，我以为办理农村改进事业，应该先提出次列两点，希望热心农村事业的同志们加以注意，并加以研究。

（一）互相联络互相帮助。我的意见，以为农村改进机关，无论创自何主体，施行何方式，他们的目的，皆是一样，一定要互相联络，帮助，才能增厚改进工作的效力。

（二）努力推广单式组织，尤其是正宗教育的单式组织。因为单式组织，很容易创设，所以要特别求其推广，以期改进工作，易于普遍。

当然，复式组织的试验机关，也不能少；但与其勉强求多，名不副实，毋宁集中在几个有力团体或机关，负起责任，单靠他去研究教材教法，以及养成高级指导人才。至于实际施教人员，则各乡村师范学校，应负全责。说到此处，则目前乡村师范教育，又必定要彻底改革才好。此是另一问题，暂且不提。至于所谓非正宗教育的单式组织，如农业推广区及合作社所在地的办事区，当然也要和本地的小学校相联络，如双方混合在一块，公同进行，那就更好。

一个单式组织的农村小学校，所有校长教员，能划定附近学校为一区，负起改进的责任，当然对于推广农业，组织合作，乃至组织保卫，设备医药，讲究卫生，也要一齐兼顾，小学教师，出身师范，当然不是全才，同时能兼通农事，经济，医药。然而关于农事，合作，卫生的必要常识和推行方法，总当要知道一些。并且能和十里二十里外的农场，银行，医院相联络，能去取他方法，能在科学机关和农民的中间，做一个媒介人，这却是万分要紧的一件事。

现在我试就实际情形，设一例子，来说明一下罢。

有一个乡村小学，校长教员共四人，同心同德，要施行农村改进事业，于是就学校附近划定一区，户共三百，男女一千五百人，决定以此一千五百人为教育的对象，悬出四个目的，希望三年之间，一定能达到，并且达到以后，一定使他的程度，能逐年增高。

（一）全区教育普及，人人能识字，能记账，能看报，能写信。

（二）全区生产能力增加，生计充裕，无一个不能自治的人。

（三）全区人民，身体健康，精神活泼，愉快，屋内屋外，一切整洁。

（四）全区人民，能守秩序，能互助，能自治，能自组织保卫团，能知道自身和国家的关系。

因此也就成了四个问题：

（一）教育如何普及？四个人如何教一千五百人？有何简便经济的方法？

（二）生计如何改善？有何扼要有效的方法？

（三）如何能使人民健康？有何种简要切实的方法？

（四）公民教育，如何实施？如何才能使人民自治自卫？

设了几个问字处，终年无人来，壁报高贴，农民看不懂，有夜校，来学者寥寥，试问何时才能扫除文盲，普及教育？从银行借来千把块钱，成立了贷款处，不问农民用途何若，尽量借出，这算不算改善农民生计？定期举行清洁运动，扫一扫屋外场面，选出几个人家较干净一些的，悬上一面模范家庭木牌，用了好几百块银，造成了一个小公园，花木栽的很好看，先生在东面下棋避暑，农民来来去去，坐坐谈谈，这算不得艺术教育和卫生教育。有时开了某某会，聚集了许多农民，大讲一次，娱乐一场，一散了事，这又如何能算公民教育？如何能训练成自治能力？

那末，如何办呢？我以为应有次列四个步骤：

第一步，四位同志，应先商定几个进行方针：

（一）要切合实际，不重形式。

（二）要切合需要，不务高远。

（三）要埋头苦干，不事宣传。

（四）要简便易行，不取繁杂。

（五）要做农民朋友，不要做农民主人。

（六）要持之以恒心，将之以虚心，不畏困难，不坚持己见。

（七）要事前有精密的计划，事后有详细的检讨。

商定了之后，便来做第二步了。

第二步，举行普遍调查，调查细目：

（一）关于文化的，如：

全村受过教育的人有多少？其程度等差如何？本地有无私塾？附近有无小学及私塾？风俗如何？有优良的及恶劣的均详记。其他。

（二）关于经济的，如：

土地面积　农场　自耕农　半自耕农　佃农　每家耕地平均面积

农作物　畜养　副业　各家生计概况　妇女职业　借贷及利息　其他。

（三）关于健康的，如：

饮料　饮食品　公共清洁情形　家庭清洁情形　厕所　患病人数　医生及药店　其他。

（四）关于组织的，如：

有无集会？团结的习惯如何？其他。

这不过略举数例，好在要详细调查时，关于项目，可参考的东西很多，所以此地也就不必详举了。实行调查之际，要用访问的方法，千万不可令农友生疑，这却是万分紧要的。

调查完毕，全村大致情形明白了，如何改进的道路，也可约略看出来了。此时应用一番研究工夫，十分仔细的，十分精密的，认定问题，详定计划。

第三步，便开始计划了。计划时，第一件要紧的事，是认定对象，切合需要，万不可人云亦云的，随便把某某处改进区的分年计划进行表，加以损益，钞缮一张，便算了事。要认明本地有本地的情形，问题不是一样，解决办法，自然也不能相同。如对于普及教育一个问题罢，要解决他，当然除办普通小学外，流动教室也可用，导生制也可用，研究如何用法，那是成问题的。农隙补校也可办，托儿所也可办，妇女工艺传习所也可办，究竟如何办法，那是成问题的。同时并举呢，还是分期实行呢？这当然要酌察地方情形了。再说教材罢，采用什么教本呢？对于妇女，如何才能适应她们生活需要呢？这皆不是随便写下来，随便就做的。又如经济改进计划，更复杂了，普通采用的模范农田特约农田，是不是可以随便做？是不是一做就有效果？农产展览，一览而散，是不是就有效用？当然要详察本地以往情形，目前最大需要何者可利用，何者可改良，何者可输入，同时还要想到有何农校，有何农场，可以与之联络，有何金融机关，可以去求助力，皆是一一要预备好的。讲到健康改进，更为难了，自己不是医生，可以随便替人看病么？性命攸关，不是随便玩的。然而必定要有一个医院，与之约定，常时指导，非常时帮忙。至如种痘，打预防针等普通技术，那是不能不会的。再讲到如何组织的问题，那是一件广义的公民训练，更要按定本区人民的习惯因时制宜，因势利导，因地立说，不拘格律，不流板滞。可以潜移默化，收效于无形，更不是徒重形式，可以成功的。

　　第四步，计划拟定之后，便开始实行了。实行时，第一，先把约定帮助的机关，如农学院，农业试验场，银行，医院，一一皆预备好。第二，先从不费钱或不多费钱的事做起。第三，随事，随地，随时，寻找机会，为农友帮忙，解除他们的困难；凡是有益于农友的事，略尽口说奔走之劳，可以做到的，无一件不替他做。第四，随时做，随时考察，随时改正。第五，与外界各改进团体，多多联络研究。

　　四位同志，定下四种步骤，在此苦干了三年，如是本着上文所说条件，努力不懈，一贯到底，相信一定有相当的成绩。所有四种问题，相信一定可以得着相当的解决。那末这一条改进之路，不是就可以走得通了么？一处如此，他处亦然，岂不是改进之路，就可以四通八达了么？

　　这是我假设一个例子，随口说来随笔写来的，当然不能十分精密，可是大致情形，总是不差的。现在所要研究的，就是怎样能得着许多服务农村同志。这却是一个先决问题啊！

五

　　我所要说的话，大致完了，此处应该再明白的把我的主张，结束成三点，分别说明一下，借作结论。

（一）我对于农村改进事业一向是主张采用多元的。有一个合作社，有一个农业推广区，做改进的中心，固然很好，有区党部，区乡公所，能做改进中心，那就更好。总之，无论何种主体，只要能划定区域，设法指导区内农民，以改进其一切生活的，皆为目前中国所需要。至于本文的主旨，似乎注重在教育机关，这并不是我的主张改变，是因为专就教育立场来发言，认定一切改进工作，既是离不了教育作用，若由教育机关，主持改进工作，当然更可以十分道地，十分考究，并且为谋改进效用，真能普及，改进范围，真能推广，除由其他各方面担任工作外，也还得多多依赖农村教育机关和主持农村教育的人员。

（二）我是一向主张互助的，办理农村改进事业，更当互助。中国人的第一大缺点，在不能互相帮助，因为不能互相帮助，所以事业效用不宏。如不幸做到互助的反面，更要把一些已有的效用抵消。农村改进工作，绝不是少数人所能包办的，比如一个人以乡村学校作改进乡村中心，他时时要到农学院农场等处去访问，去贩货，已如上文所说；倘有农学院，到乡村去做推广工作，合作社总社到乡村去推广合作社，医学院到乡村去推广卫生工作，当然要请当地学校先生帮忙。此地学校先生，一定表示热烈欢迎竭力助他成功，或竟打成一片。在农学院，医院，合作社总会到乡村所任工作，固然是改进事业的一部，而在乡村小学得了这些外助，更可以充实改进工作的内容。

（三）我近来是主张推广单式组织乡村改进区，专用乡村小学来做改进中心的（或不称小学而浑言乡村学校亦可，抑或不称学校而另立其教育机关之名，亦无不可）。因为这一种单式组织的农村教育机关，用人不多，费款有限，容易普及，且容易持久。不过复式组织，专司试验研究工作及养成指导人才工作，也不可少。并且若干单式组织的改进区上，一定也要有一个指导监督机关，不断的派人视察。

十二　关于农村教育的三个重要问题

　　此文比较篇幅也很长，作的时期，是在廿三年十二月。曾于廿四年二月在商务印书馆发行的第二十五卷三号《教育杂志》上发表。文题所谓农村教育，是广义的，实在也就是农村改进。文内所说三个重要问题：一个是关于改进事业的性质，一个是关于改进人才，一个是关于改进的对象。这些问题，在以上各文，也曾经一鳞一爪的讨论过，但本文述说的范围较广一些，同时讨论的结果，也似乎明确一些。

　　近数年来，农村教育，大形发展；并且由农村教育，开发扩充，而成"农村改进"，"农村建设"；甚至竟构成了一种农村运动的思潮，这种思想潮流，居然弥满澎湃于全国，不能不说是一件极可注意的事。

　　天下事，有的先有实际，而后构成理论的；也有先有理论，而后才能形成事实的。农村教育，是属于前者；所以关于农村教育问题的发生，有须加以理论的研究时，往往是在有了事实之后。

　　论到农村教育历史的发展，可以说有下列三种原因：一则因乡间小学，为数太少，为推广农村小学教育计，乃注意到小学之母的师范生，因有特殊训练的乡村师范学校产生。这种学校，在江苏省是首先设立的；设立以后，便有乡村教育或农村教育的一种名词成立。这是第一种原因。二则因乡间小学，须有特殊的教育法；教材要适合农村生计，假期要适合农家季节；既要教儿童，同时更要兼教校外的农民，因为农民与城市人民不同，文化太低了，非有人给他一些文化的陶冶不可。但是这一种乡间小学，岂容易得么？不易得而居然得着了（如民国十三四年间，有南京燕子矶尧化门等处优良乡村小学的发见），自然要叫人喜出望外；于是由表扬提倡，而至互相仿效，因此乡村教育或农村教育的这一个名词意义，乃更特别扩大而深厚了。这是第二种原因。三则因中等农业学校，不能尽有益于农民；和高等小学同程度的，更是无农业教育可言；农学院农业专科，又高高在上，和农民隔离万里。究竟职业教育的农业教育一项，如何实施呢？调查设计，一再商榷，乃有一种"农村改进区"的办法创兴，因此也就叫他为农村教育。这是第三种原因。有了这些产生农村教育的事实，则历史来源，不是一样，大概可以明白了。由此来源，分别演变，由内发的，既要生出许多旁枝旁节，由外入的，又要加进许多新流新派，于是种种问题，就不能不随之发生，而论理的讨论和成立，也就不可以少了。

　　观前文所述，知道农村教育的由来和发展，既有三个途径，于是各种问题也就循着这三条途径，分明构成。兹试就各问题中，认为最重要的三项，分述如次。在著者作此文的目的，既欲说明问题的内容及所以构成问题的原因；同时亦颇欲妄抒一些愚见以谋此问题之解决。惟是否有当，殊难自信，仍希国内贤达，赐予指正！

一

　　第一个问题，便是农村教育的性质，应如何判明？农村教育的范围，应如何确定？

　　一个乡村小学设在农村里，他不仅是教农家儿童，同时也顾到社会，他在平时，对于学校附近的农家，确能设出种种方法，指导改良一切生活。这种情形，若就小学自身言，固是乡村小学教育，而就其社会活动言，则又是乡村社会教育；若就社会活动的目的言，自可名之曰"农村改进"或"乡村改进"；而就其效用言，又可名之曰"农村建设"或"乡村建设"。如此则所谓农村改进也，农村建设也，其工作范围和性质，当然仍是属于农村教育一类。其他如乡村师范所附办的社会改进工作，农民教育馆所专办的社会改进事业，更同样的是属于农村教育范围了。这种说法，本来是毫无疑义的。

其所以发生疑义，竟至成为问题的，则是由于农村（或乡村）改进区的特别设立。

说到乡村改进区的由来罢，最初发起设立的，要算是中华职业教育社了。这一段历史，却不能不在此处叙述一下。本来中华职教社所负责研究，推行试验的，有农工商各种教育。工商两项，早有附设的学校在那儿试验了；而"农"的一项，研究至再，则颇觉十分为难。初等中等的农校，鉴于前车，既不敢贸然试办，而目击一班贫愚弱散的农民，宛转呻吟于颓败污秽的农村，心中又实在过不去，迭次调查筹商，结果在民国十一二年间，乃有一种特殊农事教育方法的拟议。而第一次明白表示于众的，则为职教社代表黄任之先生在太原举行中华教育改进社第四次年会时所提出之"山西职业教育计划案"两项中的一项，所谓"划区试验乡村职业教育"者是，兹节录其原文如次：

就农村较便地方，划定一村或联合数村，其面积以三十方里为度，其人口以三千至五千为度。先调查其地方农产及原有工艺种类，教育及职业概况。为之计划，如何可使男女学童，一律就学？如何可使年长失学者，得补习之机会？如何养成人人有就业之知能，而并使之得业？如何使有志深造者，得升学之指导？职业余闲，如何使之快乐？其年老或残废者，如何使之得所养，疾病如何使之得所治？如何使人人有卫生之知识？如何使人人有自卫之能力？凡一区内有利之天产，则增益而利用之；所需要之物品则供给之。无旷土，无游民，生产日加，灾害日减。自给自享，相助相成。更如何养成其与他区合作之精神，以完成对省对国对群之责任？凡此种种，先设一中心教育机关，就其固有之自治组织，用其当地之人才，量其财力，定设施之次第。其费用以当地担负为原则。划定办理期限与成绩标准，依次考核，试验有效，推广于各地。

这就是农村改进区的具体方案。嗣该社以此种计划，不能行于山西，乃于十五年间，联合其他机关，择定江苏昆山县徐公桥地方着手试办。十六年后，人事变迁，工作停顿，十七年四月起，乃由中华职教社独力承办。拟定六年计划，分别项目，从十七年七月一日起，至二十三年六月三十日止，循序前进，克期完成。初成立时，有联合设立的董事会，名曰"改进农村生活董事会"；对于所划定的地方，亦即名之曰"改进农村生活试验区"。到了职教社独力自办时，即确定名称，于地方划定之区，则曰"徐公桥乡村改进区"，于联合地方人士组成之会，则曰"徐公桥乡村改进会"。而所办的事业，分之有村政，农艺，教育，保安，建设，娱乐六部；合之为文化，政治，经济三大端。对于此六部或三端，则统称之曰"改进事业"。对于此六部或三端进行之工作，则统称之曰"改进工作"。这便是农村改进的由来。

论到农村改进区的发起创办，当然离不了教育方法，亦即脱不了教育范围。可是，他的组织，却十分复杂了；有学校式教育的小学校，补习学校；有社会式的改良茶园，代笔处，问字处；有推广优良种子的特约农田；有调节农村金融的合作社；有公共储藏的仓库；有改良卫生减除疾病的诊疗所；有公共组织的自卫团，消防队；有临时兴作的筑路，修桥等工程；形形色色，不一而足。这些不同性质的工作，很难拿教育一个范围来包括他；顺其情势的必然，只好不称他做"农村教育"，而称他做"农村改进"了。

自有徐公桥改进区以来，各方面创办这一类事业的，风起云涌，着实不少啊！有的由二三有志之士，自就本乡，划区就办，名之以新村或自治区的；有的由宗教团体特设的农村服务处，择定一乡一村试办的。也有其初和改进农村全部的生活无关，因办了许多时，转转弯弯，也竟归宿到农村改进路上来的：如金陵大学农学院所办的推广部，最初只不过为推行新种子到农村去，可是，后来也兼办改进工作了；如华洋义赈会在北方所办的农村合作社，最初只不过供给农民一些款子，救济救济他的穷困，可是，后来也渐渐扩大范围，趋向到农村改进工作上面去了；如河南镇平县的农村自治工作，最初只不过为团结自卫，御寇保家，可是，后来匪平民安，也渐渐趋向到积极方面，发起各项农村改进工作，而力图自治了。更有从政府方面着手试验的：如山东特设乡村建设研究院，养成农村服务人才，并划定邹平菏泽两县的全境为乡村建设试验区；那末，竟把农村改进工作扩大到全县，竟以县为农村改进或农村建设的一个单位了。

如前段所述的各种农村改进或农村建设工作，大都皆不是以农村教育为限，因此也就不说是农村教育了。到了这个地步，有了这样情形，于是问题发生了。

（1）农村改进，是否就是农村教育？

（2）农村改进，是否就是农村教育工作范围的扩大？

（3）农村改进，农村建设，是否可以脱离教育，而自成一个范畴？

这三个问题，实在是一个问题，质言之，也就是农村教育的性质和范围，是什么样子的问题。

我以为要解决这个问题，第一，应先认定一件事皆是具有形式和实质两方面；第二，解答一件事，应该兼顾形式和实质两方，并且要看这件事所产生出的价值如何；第三，为解答便利计，不妨对于这件事分析一下，判别成若干类。我却不敢说这是一定原则，但至少也可以作为解决这个问题的根据罢！依此根据，试分析之如下文。

凡是以一个教育机关（如小学，乡师，农教馆等）为农村改进出发地，那末，所有改进工作，当然是属于农村教育，这可说是没有问题了。即如最初中华职教社所创办的乡村改进区，内容虽然很杂，事项虽然很多，然他的原来动机，纯粹是为试验农事教育。

就是后来因社会的需要，工作事项增多，工作范围扩大，而一切进行的方法，仍然是本着教育精神。办合作社罢，要先之以讲解继之以训练；办卫生事业罢，必不断的施以讲演，展览，劝导；这皆教育的作用啊！中华职教社在民国二十年编印一部《职业教育之理论与实际》，其中"农村教育"一编，对于农村改进，下有次列的定义：

"农村改进"，是就一农村或若干农村，划成一个适当区域，依照理想的能实现的预定计划，用最完善的方法技术，以化导训练本区以内的一切农民，使全区农民，整个生活，逐渐改进，由自给，自立，以达自治，俾完成乡村的整个建设。此种区域，称做"农村改进区"，或"乡村改进区"。改进区内所办各项事业，称做"农村改进事业"，或"乡村改进事业"。从事农村改进事业的人，称做"农村（或乡村）改进者"，或"农村（或乡村）服务者"，亦有径以"农村（或乡村）运动者"称之者。依照普通习惯，有时并可称做"农村（或乡村）导师"或"农村（乡村）指导员"。

试问所谓"指导"，所谓"训练"，非教育而何？不过就组织的方式上说，当然有简单与繁杂的不同。一个小学，一个师校，一个农教馆，划定一小区，施行改进工作，可称他为"农村改进机关的单式组织"；如是一个农村改进会，下面辖有若干机关（如小学校，民校，农场，仓库，合作社，保卫团等），又组织分会的地方，分会下复设有若干机关，此可称他为"农村改进机关的复式组织"。可是，无论单式也罢，复式也罢，其组织，为教育机关，其施行为教育工作，这是可以断言的。

除了上段所说各机关外，也有些是独办农村卫生工作的，独办农业推广工作的，独办合作社工作的，他的机关，并不是从教育出发，而且是很单纯的，这在形式上说，似乎和教育无关了。然而，考究一考究他的实际，究竟能不能离开教育呢？你要去办卫生，不用讲演，劝导，行么？不去联络当地小学教师，行么？你要办农业推广，不先去开通农民知识，他能接受你的方法么？你去办合作社，对于农民，不要经过相当的训练么？详细说来，那一件不是教育功用？须知社会式教育，并不限定要拿着书本教，要到教室内讲，实在是随人，随地，随时，皆可施行教育啊！况且办卫生的，有时在农村，也要举行一个讲演会。办农业推广的，有时也要开一个短期讲习班，甚且附带要教农民识字（如乌江推广区便是这样）。办合作社的，更要举行讲习班或训练班，这是在他事业进行中，要加入许多教育工作的。不过他的本目的，不是为教育事业，因此通常人，也就不认他有教育作用。所以就改进事业的形式上，尽可分成"正宗的教育改进事业"和"非正宗的教育改进事业"两种；而就实质上说，竟没有一事一时，可以离开了教育作用，抛弃了教育精神，不过有"外著的"与"内藏的"不同的分别罢了。

依据以上两段的说明，可列为一表如次：

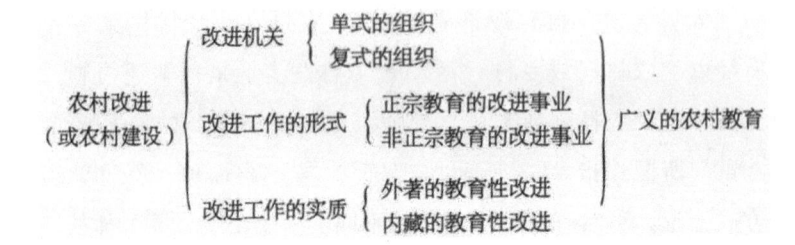

农村改进（或农村建设）
- 改进机关
  - 单式的组织
  - 复式的组织
- 改进工作的形式
  - 正宗教育的改进事业
  - 非正宗教育的改进事业
  } 广义的农村教育
- 改进工作的实质
  - 外著的教育性改进
  - 内藏的教育性改进

就以上的所说看来，凡是农村改进，无论用何方式，属何种类，皆可以"广义的农村教育"概括之。这并不是故意替教育抬高身价，扩充区域，而实际情形，却是如此。照目前各地所举办农村改进事业看，大概皆是分成文化教育，经济农事，村政组织三大类。这三类，要推行尽善，可以说没有一样不是拿教育工夫来做枢纽的。

读者诸君，千万不要以为这一个问题无大关系啊！在著者个人意见，辄认此事关系异常重大。倘使把农村改进工作，离开教育范围，轻视教育作用，抹煞教育精神，我可以大胆说一句："无一事能成功。"试问，旧日绅士们所办的旧式慈善事业，成绩怎样呢？并不是他动机不好，实在因为无教育精神贯注于其间，所以往往流于消极，甚至生出许多流弊。就是新的事业罢，推行之际，何尝不是借政治的权威，一鼓作气使万民遵行呢？然而，好的，也不过"人存政举，人亡政熄"；差的，更是表面服从，徒有形式，内里仍是依然故我。此无他，没有内心的潜移，习惯的改变，所谓心理建设，始终一点没有做到，那里能有效果呢？心理如何建设？还不是要依赖教育么？毕竟山东乡村建设研究院的先生们，有一些眼光啊！要建设乡村，改造县政，尽管用政治力量以制定法则，而仍重用教育的力量，以建筑下层基础，这不是一个极好的见解么？

讲到这个地方，这一种问题，似乎可以解决了罢！

二

其次，第二个问题，便要谈到农村改进人才的训练了。

现在训练农村服务人才的机关，大概是有三种：一种是乡村师范学校，一种是特设的教育学院或其他临时专修科讲习所，一种是在农校内附带设立的训练班。有人说，乡村师范，根本上应否设立已经成为问题。因为师范教育的使命，在养成小学教师。欲使小学教师兼任农村改进工作，事实上是万不能够。况且师范而冠以"乡村"，是否另有一种都市师范与之对称呢？无偶而立，是谓不伦。这一种看法，却也不能说他毫无理由。有人说，特设专科，或临时教育机关，专用以造就农村服务人才，固无不可。然而在二三年的短时期内，要教学生能学成农事，政治，教育三种知识技能，是万不能够的事。这却也是事实。有人说，分出农科一部分学生，教以推广农事的知能，及关于农事经济的知识，以备下乡去工作，诚然是很好；但乡村工作人才，绝不是只知农事一方面的，只在农的一方面工作的，如此仍是偏而不全。以上这三种说法，三种疑问，大概都是偏向于消极论的。

也有不主消极，而专注重在一方，因而好排斥他方的。甲说，农村改进人才的养成，非乡师莫办；因为农村一切工作，皆以教育为本体，而小学教育，尤为一切改进事业推行之根本。只要有精力过人，智勇兼备的小学教师，一切农村事业，皆可以办。特设专科讲习所，固然可以不必，而农科附设或附带训练，则尤为不妥。乙说，此项农村工作人员，绝不能纯粹依赖小学教师，非有特殊的机关，经过特殊的训练不可。丙说，农村改进，首重经济；经济问题不解决，一切都是白费。取农科学生，加以训练，将来到了农村以后，以农事改进为中枢，而旁及于村治教育，各事自可迎刃而解，既不必专用师范人才，更无特设专科特别训练之必要。以上各种说法，就他本位上言，总是具有相当理由罢！

因此问题就来了，问题为何？便是："农村改进人才的养成，究竟以何种教育机关为宜呢？"

这确是一个问题。我以为要解决这个问题，似乎也要先行决定一个方针。什么方针呢？著者的意见，以为天下事，性质不是一样，处理方法，当也不能一样。有的宜于单元的，有的宜于多元的；而多元之中，并且应当分出主从的。对于养成农村工作人才的一件事，我以为应该采取多元的方式，而于若干方式中，并应侧重某一种。

我们要明白今日中国的农村，是具有特殊情况，绝不同于欧美各国及日本。农村改进工作，在欧美日本，绝不致如我国这样急而且迫。因为他们地方乡村自治，已组织完成，乡村人才，已训练有素，那里像我们这样衰落颓败，一盘散沙的怪相呢！我们今日要急起直追，大家一齐注全力于农村，实在是为救一时之急。以时间论，既是一种过渡的时期；以办法论，也是一种过渡的办法。倘使农村改进人才的训练，已有了相当人数，农村改进工作，已有了相当效果，数年以后，大多数的真正乡村地方自治，已告完成，所有农村社会，皆能焕然改观，则此时农村改进工作，便可完全停止。那末，在这个时候，训练农村改进人才，当然是一种临时的特种教育。既是特种教育，自然要设特种教育机关。所以特设专科，分定等级：高的，养成农村改进工作的研究人员和指导人员；低的，养成农村改进的实际工作人员。地方需要多少,便养成多少。这是当然的事。至于乡村师范,专为养成能施行广义农村教育的小学教师,自然也是十分重要;因为在此时期,单式组织的农村改进机关,我们是希望到处皆有;最好有了一个乡村小学,即有一个农村改进区。若说乡师,因无城师相对待,便可不设,恐怕是胶柱鼓瑟之论罢!本来这种师范制度,也是为应一时之急而设的,到了相当时期,便可取消。至若农校方面,在大学农学院或专科,尽可养成高等农村经济人才,以任指导或调查等工作;而在高级农校,尽可养成实际推广人员,预备在改进区内,专门担任农事指导。但此种人员,一定要具备教育常识,尤其要具备教育精神。并且不止农校如此,就是在医校方面,也应该养成一部分学生,专为下乡去推行卫生工作;商校方面,也应该养成一部分学生,专为下乡去推广合作社工作。此项学生,要具备教育常识和教育精神,也是和农校学生一样。如照这个样子做去,则每一改进区内(指复式组织的而言),有由特种教育机关所养成的改进工作人员,以为总干事,总揽一切,再有优良小学教师,专门农事,卫生,合作社推广专员,以为之辅,则各色人才齐全,自然事业更容易发展了。

如此说来,要解决"农村改进人才的养成,应以何种机关为宜?"这个问题,便可依照以上所说的标准,毅然答之曰:"以特殊设置的教育机关为主体,而辅之以乡村师范,辅之以农科等机关。"

三

最后,第三个问题,便要说到农村教育的对象了。

本来广义的农村教育,是以全教育区的全体农民为对象,当然男的,女的,老的,少的,富的,贫的,驯良的,狡黠的,健全的,残废的,一齐在内。不过现在我们办农村教育的人,有一个大前提，却不能不明确认定。什么大前提呢？试看下文。

我们努力救济农村，固然是为一般穷贫弱散私的农民，非快快的把他医治好不可。但最大的目的，还不是仅仅注意到一个一个的村落，乃是注意到整个的民族，这个前提，应该先行决定的，今日中国整个民族的危险是内感于文化的衰微，外困于强邻的压迫。而文化衰微的原因，则是由于旧文化的崩溃在即，新文化的建设未成。强邻压迫的由来，则有经济侵略肆其毒，更有武力侵略逞其威。内外夹攻，遂至国势岌岌，不可终日。以目前国难严重情形来说，不惟是大地各国所未有，抑且中外历史所罕见。全国国民，处此严重情形之下，苟欲自谋生存，自非用特殊力量，特殊办法，不克有济。所以今日农村改进工作，不仅是为农村，乃是为民族；不仅是建设农村，乃是为复兴民族；不仅是为救济农民，乃是为排除国难；不仅是改善农民生活，乃是为巩固全国国防。这便是"从大处着眼，从小处下手"的惟一理由。那末，今日农村教育的实施，对于一般教育的对象，究竟应该不应该有所侧重，当然成问题了。

依照常理说，农村教育，既以全体农民为对象，当然不应该有所侧重。可是，照目前国势说，却不是这样。倘若把儿童，青年，成人，同是一样教导训练，在这个时间，这个空间，适宜不适宜呢？换句话说，时势的要求，事实的需要，能容许不容许呢？义务教育的普及，当然是十分重要；世界上那有全体国民只有百分之三十的识字，可以立国的呢？但是，今日拼命的去普及义务教育；就算全国学龄儿童皆入学了，试问十岁内外的小孩子，能担起救国御侮的大任么？成人补习教育，也是十分要紧；然而四十岁以上的成人，多少总觉得体力差一点，勇气少一点，并且这些人，皆不免有家室之累，遇着急难，恐未必个个皆能奋不顾身罢！那末，十三岁以下儿童，嫌小了，四十几以上的成人，又嫌老了，不消说中坚的人物，要轮到青年了。（读者诸君，请注意，我此处所说的青年，是专指一班年在十六岁以上二十六岁以下之人而言，或者和通常所说的青年，不大一样。）我认定这一班青年，是体力强壮的，血气盛旺的，朝气勃勃的，有竞争心的，无家室之累的，世故不深的，容易受刺激而能发生好反应的，如果对青年施行了合理训练，树立了中心信仰，这还不是国家的柱石么？

现在国际风云，这样紧急，倘二三年之内，不幸有世界大战发生，其地点在远东，或者竟在中国附近，试问，此时我们应该怎样应付？即幸而大战不发生，那末，我们已失去的土地，能够置之不问么？在国防上的设备，自有政府负责，但是在国民方面，能一点不要准备么？严格说来，真正的国防，应该全体国民总动员才行。飞机，大炮，海陆空军，粮食刍秣，是政府管理的事，而后方秩序的维持，物质的供给，军备的补充，危险的预防，国民的事，多的很啦。这些事，年幼的不能办，年老的不易办，只有地方上受过训练的青年，在社会领袖指导之下，才能沉着去办。这样说来，中国既有了特殊情形，青年训练，还不是万分重要么？中国人口四万万五六千万，十六岁以上二十六岁以下的青年，约数应该有一万万人，而散在农村方面的，至少当有八千万人。都市方面的青年训练，固属重要，而农村方面青年的训练，则重要尤甚。所以今日农村教育，对于儿童，青年，成人，妇女各方，当然同时皆要顾到，而比较青年方面，更应当特别侧重。

在河北定县平民教育促进会，却是已看到这一层了。他们编印的第一卷第九期《民间》半月刊里面载有季鸾先生著的一节《秀山堂一夕谈》的文字，是记叙季鸾先生和平教会晏阳初先生的谈话。他中间有一段，是记晏先生所说的，可录之如下：

平教运动的对象，是超过小学年龄的农村青年，以年龄论，就是从十五六到二十二三的失教青年。这样青年，定县就有八万，通全国计之，要有八千万之多。大家试想，将来建国，靠现在的儿童，现在救国，靠谁？是不是靠这八千万无教育的农村青年负此责任？我们救亡，一定要抓住这八千万青年，组织训练起来，此外再无可倚赖的。但是，这些青年，谁去教育？怎样教育？我们平教会近年的事业，就是专以此为对象。换句话说，就是将国家教育系统上所不闻不问的这一阶段之农村青年，给他们文字知识与其他公民训练及保健卫生的知识与训练。

就定县说，结果甚佳。平教事业，是要青年自动参加，实际上参加者甚为踊跃。既毕业者，教他们在各村服务，并训练出来多数简单的医生，有十二样易治的病，可以施疗。定县眼病很多，现在有六十几村，业已治好。这些毕业学生，再经训练，又可以教人。平教会现在注意的，简单讲，就是将农村青年组织起来，鼓励他们，自己在农村建设之各方面努力。现在所得的答案，是农村青年，很愿受教育，很向上认真。

这是晏先生指出全国八千万农村青年，关系中国民族前途的重要，可以说句句动人。而季鸾先生，因此却也发了一番议论，兹可一并附录在下面，他说：

从十七年以后，我常常想到一个问题，就是从国防上认为训练农村青年，是最紧要的一件事。讲起国防来，问题重大，千头万绪。但国防基础，总之是人。中国号称人多，但无组织，无训练，就等于无人。就论体格，现在壮丁的体格，大概也退化了。因为供给壮丁的源泉，是农村，而经济破产，生活困穷，加以鸦片白面之害，所以农民体格，渐渐衰落下来。直，鲁，豫诸省人，从前号称健壮，北方的兵士，大概是这几省人；但近年也差了。大概山东还好一点，河北，河南，恐怕远不如前。况且只是体格好，还不够，必须要有公民常识，爱国精神，方能有用。这是更非训练不可。训练之法，最好从农村青年起。现代国家，皆有此种组织，日本叫做青年团，就是对于尚未达征兵年龄的农村青年，趁农暇之时，给一点军事训练和公民知识，办法要不妨农，亦不费钱。十几岁青年，正活泼尚武，训练就等于娱乐，无形中便可以矫正体格，增进健康，养成团体活动的习惯，与守纪服从的精神。一旦国有大事，这就是救国者。我想中国应该先以训练两千万农盲为目标，或者还可以多。中国只要养成这样几千万爱国壮丁，国防已算有了一半。中国最怕的，不但是无器，并且无人。现在不赶紧向训练壮丁上努力，一旦有事，壮丁先感缺乏，近年招兵困难，就是一种机兆。我的见解，就国防上说，目前最紧要的，还是准备握枪的人。

这一段话，是何等透彻，又何等沉痛啊！那末，我主张农村教育，要特别侧重在青年身上，得了这一个帮助，似乎理由格外充分了罢！

季鸾先生说起日本青年团，这是我亲眼看见的。记得我四年前到日本去参观，曾经看到了东京几个青年训练机关，真是使我胆战心惊啊！他们招收团员，是十七岁以上二十岁以下的职业界青年，施以军事训练，职业知能训练，精神训练。上课是在晚间七时至九时，施行军事训练时，完全和入伍的军人一样。精神训练，是用谈话，唱歌等方式。据深知内幕人说："他们精神讲话，竟不客气的，鼓动青年，向外发展，到中国去侵略。"我曾和他们的校长谈，他说："训练这班青年的目的，消极的使他们思想不恶化，行为不堕落；积极的，则准备国家一旦和敌人开战，除常备军后备军外，全国还有二千万青年军，皆可执干戈，卫社稷，国防的力量，还不大么？"唉！侵略人家的国家，尚且如此，被侵略的国家，应该怎样呢？难道竟束手待毙么？人家有青年，我们难道没有青年么？事在人为，我们农村教育的同志，还可一依故常，照老法子去办么？

以上三个问题，总算说得明白了，所有解决的办法，也曾依据时势的需要，情势的缓急，分别说出来了。最后我很愿意把中华职业教育社最近所编定一张"农村改进工作纲要图"抄在下面。既用以供农教同志的参考，并借作本文的结论，庶乎大家看见了之后，也可以明白农村改进工作最后的目的，是在"复兴中华民族"。

166　乡村建设运动　农村改进的理论与实际

农村改进工作纲要图

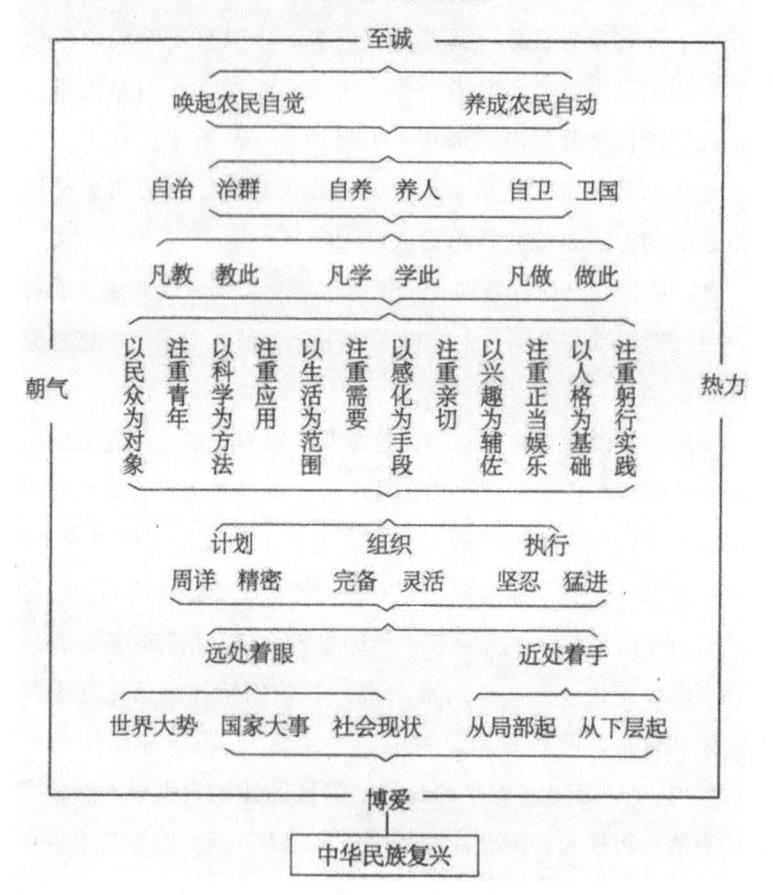

```
                          至诚
          唤起农民自觉            养成农民自动
      自治  治群    自养  养人    自卫  卫国
      凡教 教此   凡学 学此    凡做 做此

朝气  以民众为对象 注重青年 注重应用 以生活为范围 以感化为手段 注重亲切 以兴趣为辅佐 注重正当娱乐 以人格为基础 注重躬行实践  热力
            注重科学为方法

              计划      组织      执行
            周详 精密  完备 灵活  坚忍 猛进

            远处着眼              近处着手
      世界大势 国家大事 社会现状    从局部起 从下层起
                          博爱
                    ┌─────────┐
                    │ 中华民族复兴 │
                    └─────────┘
```

此图制成于民国廿三年二月，凡中华职业教育社从事农村工作人员，一律悬之座右，遵守勿渝。

十三　民族复兴与政教合一

　　农村改进事业，原是文化，经济，政治三方连锁进行，混合推动的。欲求此项事业，能收效速，推行广，不能不希望有省县政府居高主持，而以县一级做单位；并且认定此种事业，是复兴民族的基本。著者作成此文，比较篇幅亦很长，其中除一部分理论外，并引列近者《全县学校》及《县政建设计划纲要》两文，可以说皆是实际的具体办法。此文是二十四年六月作成的，曾登载于二十四年七月号《复兴月刊》。

　　有人说，"民族复兴"的"兴"字，可以用得，而"复"字却用不得。为什么呢？"复"字含有复古的意味，所以近来闹得乌烟瘴气，有种种花样出来，皆是一个"复"字从中作祟。这个固然也有相当理由。可是，我以为"复"字仍可以用，但要确立他一个定义，划定他一个范围。如恢复民族独立的精神，恢复民族创造的能力，这种"复"，不是很有价值么？然而实在说起来，关于复兴民族问题，他的最要紧地方，还不在此。

　　现在谈到民族复兴，不是高声大喊，便是枝枝节节而为之。固然，"为"总比"言"好了；可是，我们要知道，天下事能做成功，总要寻到一个要点。你能把要点抓住，努力做一下，自然其他可以迎刃而解。依我观察，我们真要做民族复兴工夫，真要寻到要点，抓住去做，应该一眼看到最大多数的下层农民，应该从县政一级做起，而做的方法，便是"政教合一"。

论到教育，本来是不能脱离经济，不能脱离政治的。因为经济是人类物质生活的要件，政治是人类精神生活的要件。（实际物质与精神，并不能分开，所以如此分法，亦只为解说便利计耳。）教育所以能开展文化，他的基础，便是建筑在经济和政治上面。试问，文化离去经济，离去政治，他还有内容没有？从前读书人，误解《论语》"子罕言利"的古训，以为"事关经济，便是龌龊不堪"，这本来是错误的。"罕"作"少"字讲，并不是作"不"字讲，老夫子罕言利，只是不多言利，不轻言利罢了，何尝不言呢？至于儒家所排斥的利，那纯粹是指着个人的私利，绝非大众的公利。如属公利，正是古圣贤极端所主张，那有不言之理呢？孔子不是赞成他的学生"足食足兵"的说法么？不是和弟子问答，有"既庶矣，又何加焉？曰富之"的说法么？《易经》上不也是有"以美利利天下"，"何以聚人曰财"的说法么？如《大学》《孟子》，说到财货的地方，那就更多了。至如关心民瘼，留意国事，平时讨论体国经野之事，可以说一大部分是关系政治的。就是讲到个人修养，也是为辅世长民而设；是以要说"独善其身"以外，还要"兼善天下"。试看，古人书籍所遗留下来的思想学术，无论经、史、子、集，那一种，大概除"集"当中，含有一部分纯文学外，其他几乎无一处不和政治相关（当然是指广义的政治而言）。从前的秀才举子，尚能读书不忘国事，何以改行新教育，倒反情形不同呢？依理说，受过新教育熏陶的人，应该对于国事的关心，格外厉害才对，何以到了今日，国几破了，家几亡了，倒反无声无臭，处之淡然呢？真是有点令人不解！

现在因为生计逼迫的不得了，大家才觉悟，知道教育非和生产合一不可，总算是进步了。然而对于教育和政治合一，比较起来，了解的人，还不算多，或者也可以说还是不大习惯，这不能不说是关系异常重大罢！二十年来，教育界不知道为什么道理，竟造成了一些"教育要保存独立的领域"，"教育要和政治分开"，"教育要和社会离远些，才能保存一块干净土"等等的言论和态度。这真是不幸的很！但细细考察起来，却也不能怪他，从前大小军阀，太蛮横，太不可以理喻了，办教育的人，只好暂行自固壁垒，闭起学校门，各事不管，专管教书，当然这也是"不得已而为之"。要知道，这是处在一种特殊环境，是应付变态的病的社会，所以才有这种变态的办法，现在是什么时候呢？还能容得这种心理，这种办法存在么？

照理讲，凡是司教育的人，受教育的人，要一致举起两只手，受头脑的指挥，努力从事于生产工作（广义的生产）；同时更要抬起两肩，受理智的指导，和情感的激荡，毅然决然，以涤除国耻，支撑国事为己任。我可以肯定的说，不如此，民族是没有出路的，国难是不能排除的，危险的局面，是无法挽救的。

有一位朋友，曾作一种深刻之论，说："现在大学教授，尽管学术高深，够上做一个大学教授的资格，可是他，对于国事，淡然漠然，以为国家兴亡，与我无关，这是做一个大学教授虽有余，做一个国家的公民却不足。"这种不够公民资格的大学教授，如真正太多了，民族前途，尚堪问乎？这是多么危险啊！

所谓教育与政治合一，当然也要分出许多形式：在大学里面，研究政治经济的师生，时时要拿本国的政治实情和经济现状做对象，参以各国学说和制度，作比较的研究，设法来解决本国问题；研究教育的师生，时时要看到中国教育的背景，教育的现状，文化的历史，与文化的前途，参以各国学说和制度，作比较的研究，设法来解决本国问题。这就是政教合一啊！在中小学里面，担任公民的教育，时时引导学生，留心时事，作种种集团生活的训练；担任历史地理的教员，时时指点学生，了解本国文化，国际大势，激起爱护国家爱护民族的热诚。这也是政教合一啊！遇着国家有大事发生，师生一致，联合起来，热心去讨论；社会有应行兴革的事，帮助社会去动作，这皆是政教合一的工作啊！说到此处，却要特别声明："政教合一"，绝不是学校里做先生的，做学生的，天天去游串衙门，算做活动政治，天天去忙做官，算做热心政治。如果这样做，那就大错特错了。这一点界限，要特别的把他弄清楚。因为天下事，最怕是鱼目混珠啊；并且还有一句老话，也值得注意，就是孟子所说"有伊尹之志则可，无伊尹之志则篡"，因为政教合一的办法，他本有他的特质，更不是无聊的具有支配欲的人所可假托其名，用以自便图利；如果有其人，应该一致起来，把他打倒。

以上所述，是泛指一切教育而言，若专说到下级教育机关，下层政治工作，应该把政治和教育打成一片，那更可以指出极重大的需要，和极充分的理由。因为现在横在我们眼前，立待解决的，便有好几种问题，我们万不能把他们避开，万不能稍涉含糊，而且情势逼迫，已经紧不可当了。

中国全体人民，农民占百分之八十以上，此三万万农民，大都不知国家为何事，散沙一盘，要他鼓起爱国心，一致对外，试问，从何说起？可是，近代国家，要想把国家基础，巩固起来，却皆是依靠这一点，不要说现在敌人入室，河山破碎，正赖万众一心，排除空前国难，就是在通常平安时候，又能容许这个样子么？这是不是一个关系国本安危的问题呢？

再看看各地方罢，初等教育，不是已经办理多年了么？初等教育中，一大部分是国民教育，然而现在凭借教育之力，已经造好多少真能和国家发生痛痒关系的国民呢？做小学教员的，死抱着几本呆板的教科书，天天按时上课，照本宣解，薪水本无多，甚且不能按时发，没精打采的，学生来也好，不来也好，来多也好，来少也好，一切顺其自然，校以外的社会，更是绝对不管。司地方教育的长官，只有恪遵功令，按部就班，只求现状能维持，其他绝非所问，究竟一地方国民教育，何时普及，如何普及，效果若何，何尝真正在他计拟之中？即偶有计拟，不能实行，也就置之不问。对于儿童教育，已经是这样，对于成人补习教育，更无暇顾及了。试问，这种情形，能把有效的国民教育，在短时期内，普及起来么？

在做一县县长的，他说，我的事情，太多了，太杂了，那里有工夫管到教育呢？有教育局的，让教育局长去应付罢，无局而有科的，让科长去安排罢，只要把已有的若干小学校，能维持住，也就好了。试问，这样情形，可能以借教育的力量，把民族复兴起来么？

河也要浚的，路也要筑的，农场也要设的，合作社也要办的，保甲也要编的，这些皆是教育以外的事，让另外一班人去办罢。在担任教育职务的人，看见浚河，筑路，设农场，办合作社，编保甲等，是与一己无干，也没有人叫他去帮过忙，当然袖手旁观了；或者因为办的不大得法，还要说几句冷嘲热笑的话。结果，河虽浚，路虽筑，农场虽设，合作社虽办，保甲虽编，人民何尝真正能了解其意义，真正能感觉其需要，愿意去自动自发呢？于是好做事的官来，兴作的事便多，不好做事的官来，兴作的事便少。在他们看起来，反正是官家事，不是自家事。这也是无怪其然，本来不是从教育下手，本来没有整个计划，那末，一盘散沙，安于习俗，不明公益的农民，如何能够彻底明白呢？试问，这样办法，可以统一人民意志，统一人民行动，一致对外，复兴民族么？

如上所说，在民族复兴一个目标下，所设施县一级以下的政治教育，不是完全成问题么？这些问题，是不是要快快解决？要解决，一定要明白他们的症结所在。症结在那里？依我说，就是在政治和教育两相分开，教育与政治，各自独立。

现在一班办社会教育的人，总算能看到这点了，已经把文字教育，生计教育，政治教育，同时并重。这确是很好的现象。但是，我还嫌他范围狭一些，效力小一些，按照目前社会的需要情形与国家民族危险的状况，应该痛痛快快的，把县以下的一级政治，完全和教育打成一片。一县以内，政治实施，完全凭借教育；教育实施，完全依赖政治。我确不敢说，这就是最好没有的办法；但是，对于现在人心涣散，民气消沉，生计艰难，文化低落的一般农村，要想在短期间内，能急切收政治教育之效，似乎非用这个办法不可罢！我在三个月前曾做过一文，题曰"全县学校"，就是为鼓吹这个办法，兹不妨把他抄在下面：

中国改进政治问题，诚然是千头万绪，不易爬梳。但依照着"物有本末，事有终始"的一个原则来说，似乎在中央方面，所谓最上层的总枢，总要能看准需要，立定最完善的计划与步骤，庶几由上而下，推进起来，可以若网在纲，有条不紊。在各地方，所谓最下层的县镇乡村，总要能打下根基，立好础石，方可说到国家建设，社会改进。

中国是以农立国的国家，除少数沿江沿海的通都大邑外，凡内地各县，还是农业占百分之七八十以上，就是在县城及镇市，有一些工商业，也无非是依农业以生存，简直可以说是农业者的集合地。照目前中国情形来看，如何发展农业，如何指导农民，如何安定农村生活，改善农村组织，这一些最下层的基本工夫，恐怕是一切政治之本。尽管在中央方面，对于外交，国防，经济等等，要依据国际形势，国内情形，定下一种适当的方针，但同时要看准一切政本在全国二千余县，在县以下的几百万乡村。农村改进无办法，即县政无从说起；县政无办法，即全国大政，无从着手。

既为现代国家，一定组织要现代化。当然所谓县政，绝不是仅仅得着一个好县长，替人民平反几件冤狱，开浚几条河道，修补几条桥梁，多办几个学校，所能尽其责任，而最大的主旨，最后的目的，则在完成全县的真正自治。真正自治的完成，就是人民一种力量的表现，也就是人民富力，知力，组织力，保卫力，文化进展力总和的表现。这绝不是旧式的好县官所能够负起这种职责，完成这种任务的。更不是现在热心要好的县长，无计划，无条理，想到那里做到那里，所能达到目的的。

因为真正自治的完成，必定要人民生活的状况，能得到相当的改善；全县境内，各乡各村，人人皆能安其居，乐其业；人民集团的组成，能达到相当的程度；全县各乡各村，能合作互助，选贤任能，层层组织，成了一个秩然有序的系统；人民一般的文化水平，能普遍的提高，全县人民，能有百分之八十以上，识字阅报，能明了自身与国家的关系，并且有百分之十至百分之十五，能负起乡村指导的责任，可以做一群公正明达的领袖。要达到以上所说的目的，一定要用政治力量的推动，和教育力量的培养；并且二者要交互连锁，同时并进，按照已定的计划，步骤，分全县为若干单位，由县政府总揽其成，由各区分负其责。计划，实施，视察，辅导，促进，考成，妥慎进行，不操切，不迁就，不纷更，多则五年，少则三载，务使克期完成。这确是很有把握的一件事啊！

如何做法呢？便是用感化性的教育力去潜移默化，加上强迫性的政治力去推进鼓励。这便是把一县看成一个学校。是即所谓"全县学校"。一县以内，无论老幼男女，皆是教育的对象。县长便是全县学校的校长；县长以下，所有佐治人员，便是全县学校的各科教师；县以内的知识分子，也便是帮同教学指导的先生。他的教育场所，有总有分，各级不等。他的教育方式，有是学校式，有是社会式，各种不一。他的教育工具，有是讲解，有是演说，有是书本，有是图画标本或实物，有是会议讨论，有是实际做事，有是音乐游艺，有是电影，有是无线电播音，各样不等。他的教育科目，有是农事，有是合作社，有是水利交通，有是识字读书阅报，有是风俗改良，有是团体组织，有是保卫训练，有是医药卫生，有是消防工作练习，有是服务指导，各类皆有。而约之则为经济，文化，组织三大宗。由推动而引起自动，由辅助而使之自立，由被治而达到自治。这便是"政教合一"。古人所谓"作之君，作之师"，凡是做县长的，便是兼君师于一身。他是治民的官长，同时也是教民的师长。

这不是不可实现的理想，不是无根据的空说，现在确已有许多地方，在那儿从事于实地试验。中国本来是一个特殊的社会，吏治不修已久，教育失败显然；人民生计既艰，惰气又染习极重；所谓穷愚弱散私，五种病况，到处皆然。加以空前国难，压在头上，倘无特殊方法，在最短期内，谋各县各乡国民教育的普及；全体人民生计的改善，集团生活习惯的养成，保卫能力的增加，则无论怎样去讲国防，讲内政，恐怕皆是缘木求鱼，劳而无效。古人所谓

"求治之方，贵立其本"，那末，改良县政，总算是"治之本"了；而县政如此实施，恐怕更是一切政治根本之根本罢！

　　试依我很浅的见解，推测起来，说明一下：一、儿童教育的普及，可算是近代国家最根本的一件事罢，但是照现在各县教育设施状况来看，经费少的，固然无从说起，就是经费多的，如江苏年有三十四万元的各县，依着老法，又岂能容易成功？成人教育，在中国不更十分要紧么？但是现在各地良风美俗，已日见消失，不识字的文盲，到处皆是，一县以内，仅凭几个民众教育机关，办的不好的，且不必去说他，就是办的好一些的，又能使成人补习教育，在短时期内普及么？倘若有了全县学校，由县长督率一班佐治人员，动员了全县知识分子，总活动起来，拟好计划，切实施行，自然情形不同了。二、农民生计，如此艰难，种植不知改良，副业谁来提倡？合作社办法虽好，有何人去指导推行？仅恃一二省立县立农场，林场，能促进改良么？农学院高高在上，纵有推广部，那里能有实惠普及农民？如是有全县学校，把全县生产教育，作一个整个计划，有负责指导的专员，有协助供给的高级机关，有一定进行的步调，有系统组织的办法，那就不是这个样子了。三、民众组织的重要，谁不知道？要完成真正自治，当然要从组织入手。可是，照现在各县所设立的区公所，区公所内办事的区长助理员，能负起这个责任么？可武断说一句，一定不能。若是有了全县学校，各区组织，与各区任事的人，就要根本改良，方法与精神，完全和旧日两样，那末效力自然不同了。因为一是枝节的，一是根本的；一是局部的，一是整个的；一是无计划，随便做的，一是依据计划，有系统做的；一是少数人努力的，一是全体活动的；一是冲突或重复的，一是彼此呼应，轻重合度，缓急适宜的；一是目的不固定的，一是目的固定，且万流汇合，同赴一鹄的。以上所举事例，不过数端，其他推而广之，殆无一不如此。

　　不过这种事业成功，一定要有三个条件：一、要有一套完密精详能适合环境需要的计划；二、要有一套能实行此项计划，笃信此项主张，其热心毅力才干识见均能够的人才；三、还要有能推诚信任的上级机关。讲到此地，就不能不希望各省先有一个训练人才，和拟定计划的策源机关了。

现在设置实验县，县政研究院，县政人员训练所的，已有好几省，自是很好现象，倘再能确定目标，完密计划，依照全县学校的主张，切实推行，我想一定可以达到完成各县真正自治的目的。

要知道完成县自治，是一个最正确的目的，所以采用全县学校的特殊的办法，就是为适应中国的特殊情形。相信这种办法，是一时的，是中国特殊环境造出来的。待到各县真正自治，全体完成，县民能自由选举县长，自然这种办法，也就要加以变更了。

我自来是看重县政，相信县政是一切政治根本的人，近数年来和许多同志，从事实际的农村改进事业，证明农村改进的目的，是为达到真正农村自治，而所用的方法，则为广义的教育。虽然所办的，仅为二三十方里的区域，改进所及的，仅为二三千的农民，却极端相信这种方法，可以扩而大之，及于全县；加以各方考察规模较大的试验县和训练机关研究机关的办法，益觉年来所怀抱的理想，确切可以实现。勇敢揭出"全县学校"一个名词，并略抒其意见。容俟有暇，更愿写成一套具体计划，以就正于有道。

最近因受河南省政府主席刘经扶先生的嘱托，又作成《县政建设计划纲要》一篇，这可名之曰"政教合一制县单位的农村建设"。我以为要复兴民族，非用这一个方法不可，这便是恢复我们民族独立精神，创造能力的最重要作用。如能一县立定计划，做了五年，六年，全国能有一千县如此办，我可以说"新兴国家一定可以实现"，现在且把我所草拟的计划纲要，录在下面，以期与国内明达，公同商榷一下。

县政建设计划纲要

总说明

民国二十四年四月，余因应河南大学短期讲演之约，于役开封，一日与河南省政府主席刘经扶先生谈及县政建设问题，余力主"政教合一"之说，刘先生韪之，属代草一"县政建设计划"备参考，谓实验县之名不必用；且须经费不另增，与现今法令不违反。余谨诺之，事毕返沪，因成斯篇。

今之谈政之士众矣，而主张用教育方法，以谋政治建设者，为数尚不多，岂非政教分立之说，深入人心，一时不易转折哉？余在十年前，即深感觉到教育脱离政治，必有种种弊害发生，所谓具有大学教授之资格，而不知国家为何物，其资格乃不配作一公民者，即其显著之一证也。自服务中华职业教育社，随同社诸君子，从事于乡村改进工作，而改进事业所揭橥之大纲，即为文化经济政治三项，以此益证余所见为非谬。昔吾亡友赵叔愚先生，于此义最称了解，其言曰："教育农民，在读书，做事，管政治。"余固叹服其精且确矣。若今日能得一县之地，以从事于实验政教合一办法者，则吾友梁漱溟，梁仲华，王怡柯，孙廉泉诸先生是也。余自愧于政治少研究。但在此国难严重，农村衰落，政失其常，教失其效，举国人心，极端彷徨忧惧之际，非有一特殊方法，无由安定社会，以立国家之基，则余所明确认定也。且所谓特殊方法者，一扼其要，仅有两端：一、从下层乡村建设做起，而以县为最大单位；二、纯取政教合一制度，以教为治，统政于学。余草拟计划，即依据斯旨，以树立大纲。至于办法细目，则因各县各有环境，势难强不同者以为同，非待亲至其地，加以实际考察，固无由拟定也。

一 目标

就省城附近，择定一县，在遵照现行法令及支用固有经费两个条件下，依据合理而有效的政教合一方法，施行有系统的县政建设工作，期以六年，完成全县真正自治；并使此项工作，在进行满预定期限二分之一以上，认为确实有效时，即推行于其他各县。

说明

择省城附近之县，期其便于考察监督也。最近实验县之组织，往往与现行之通常法令不一致，并且增加出许多经费。本计划所定之县政建设，与实验县不同，所有一切组织，并不违反现行法令，且经费亦不多增。盖必在此种条件下，能施行有效，方可使其他各县，容易仿行。本计划最要之点，一在"政教合一"的合理办法，一在工作期限的预定六年，盖非政教合一，无以显其功用，非有较长年限，无以完其设施，两者若缺其一，皆难有济也。

此项建设工作，目的非仅在一县也，期以所获得的经验与试验有效的方法，推行于其他各县耳。施行未久，当然无从推行，若待至六年，又觉时期寥远，兹酌察实际情形，以为经过三年，有效与否，已可显见，所有轨道，已渐告成，如效已著且有轨可循也，则不待犹疑，即可推行于其他各县矣。

二 组织

甲 辅导机关

为完密县政建设计划，须设有其他机关以资辅导，其主持机关之人，既具清静头脑，从旁观察，随时研究其得失，指导其进行，同时并供给其人才的选任。依据上述理由，主张在省城内，设立次列一会一所，此两个机关，并可同在一处。

（一）县政建设研究委员会

（二）县政建设人才训练所

此两项机关，当然统辖于省政府，但为施行便利计，亦可由省政府委托省立大学代办。

说明

此两项机关之设立，关系极为重要，为省政府计，非有此项机关，无以尽其辅导之责，为县政建设自身计，亦必有此机关，方能厚其势力，显其功用，委员会是纯依客观眼光，一方详察其实际进行状况，辨正其得失，一方参考他省县政实施情形，加以研究，庶见解不致囿于一隅，方法可随时加以改进。训练所，则注重训练人才，此项人才，盖专为供县政府科长科员及区署署长之选任；凡大学习教育及习政治之四年级学生及已毕业之学生，皆可入所学习。委托大学办理，有许多便利：一、经费少，二、人才多，三、研究易。并且县政建设之目的，在初办时，虽只取一县，试其效否，而最后则仍冀其普遍推行。是以储才不可不早，而研究不可不精。若借此使大学教育与实际社会相沟通，则更是有百利而无一害也。

乙　执行机关——即指定某某县政府

县政府之组织，约如次列：

（一）设县长一人　由省政府选任，最好选任时，能商得县政建设研究委员会之同意。

（二）县政府设秘书一人　辅助县长，佐理政务。

（三）县政府设四科二处：

（1）文化科　普及教育，改良风俗，励进人才，训练低级职员等事属之。

（2）乡政科　户口调查登记，公安维持，保卫训练，集团训练等事属之。

（3）经济科　改良农事，提倡合作社，浚河凿井，整理交通等事属之。

（4）财务科　土地整理，征收改良，编制预算决算等事属之。

（5）司法处　由承审员专司其事，而以两级调解委员会协助之，最好能司法独立，另设法院。

（6）卫生处　由县立医院主持其事，各区分设保健所，各保分设保健员。

（四）科设科长科员　凡农场林场工厂主任合作社指导员等，均由经济科科员兼任；卫生处主任，由县立医院院长兼任。

（五）县政府下划全县为若干区，区设区署，署设署长。

（六）区下设若干保甲，保设保长，甲设甲长。

说明

此项组织，大致悉依现行法令，虽设科较多，但与法令无大出入。各科处事务，虽各独立，权限虽各划清，但务必取得相当联络，宜随时举行县府政务会议，以资统一。

三　教育

依据政教合一之主旨，县政建设，应完全以教育为总枢纽，立定"以教为治"，"统政于学"办法，分全县教育机关为三级。

甲　保学（初级）

以保学为普及国民教育的总机关，与保长办事处，合设在一处，全保文化的策进，即以此为中心。以保长甲长为学董，另由县府依据区署长之所保荐，择一保中之贤而有知识者委任之为校长。所有教职员，统由区署选派。内分：

儿童班

成人班

经济建设班　各种临时讲习班，合作社班，凿井班，使用新农具班等。

保卫班　特别注重青年军事训练。

初级调解委员会

由区署随时派员赴保学指导视察。

乙　区学（中级）

区学为全区文化政治经济建设之总机关，此即所谓全区学校，以区署长为校长，以署员为教职员，由县政府随时派员指导，并用科学考绩法，考核其成绩。内分：

高级小学班

经济建设训练班

壮丁训练班　择各保受过训练之年龄较长青年，到区训练，同时区内有武库的设备。

保健所　由县立医院派员到区专任其事。

合作社联合会

高级调解委员会

其他各项临时举行之保甲长训练班，展览会比赛会等。

丙　县学（高级）

此即所谓"全县学校本部"，与县政府合而为一，县长兼任校长，各科处人员，除处理行政事务外，均兼任教职员。内分：

自治人员训练班　由各区署择优保送入学受训练。

升学班　由各区选送真正优秀之高小毕业生入学，施以初级中学教育，预备升入省立高中及大学。

县府人员讲习会

图书馆　专供县府职员及来学学生阅览。

科学馆　专供县府职员及来学学生研究及试验。

医院　除施医外，兼任全县卫生教育之实施，内设保健人员训练班，助产士训练班。

农场及林场　除供给各区优良种苗，并指导全县农事改良外，凡由各区署选送入学之青年，均由该场场员负责教导。

工厂　以农具制造及修理为初办时之主要工作，其次酌察地方实际需要，得设他种工艺科，凡由各区署选送入学之青年，均由该厂厂员负责教导。

无线电播音讲演

全县壮丁会操

全县补充教材审查编制委员会

其他临时举行之讲演会，音乐会，比赛会等。

说明

此项教育机关之组织，与实际教育之施行，在本计划全部中，居最重要之地位。盖欲求县政建设，真能有效，必使此一部分计划，能完全实现。此项办法，是联合学校教育与社会教育，不使之分裂；是联合人才教育与职业教育，不使之偏枯。如能切实施行，定能将以往政治上教育上之种种障碍，一扫而空，可以造成一个合理的进化的现代的社会。惟有一不可忽视之要点，即各部执行人员，必个个皆为健全分子，否则空有死的形式，而无活的精神，仍无济也。

四　进行步骤

为建设工作实施有效计，进行步骤，应预为决定。

第一步　在县政府组织成立，各区署长分别选任后，对于全县应施以大量观察，其重要各点，约如次列：

（一）全县村落集镇之分配及水陆交通

（二）全县人口及一般生活情形

（三）全县土地物产及一般经济状况

（四）全县文化及习俗概况

（五）以往县政府对于财政处理办法

（六）其他

以上粗略的调查，务尽二十日内办完。

第二步　筹备举行全县人口调查，可仿照"国防设计委员会"在江苏句容县所办之调查统计办法，由县政府呈准省政府拨发临时经费二三千元，特聘专家，主持其事，期以三个月办成。

说明

此项工作，关系极为重要，将来一切施政方针，应以此为根据，且实际办理，亦不甚难，有拙著第五卷第五期《人文月刊》所载一文，可供参考。

第三步　在进行全县人口调查期间内，可召集一次全县政务会议，以期明了全县实际情形，并与第一次大量视察之结果相印证，且可借此机会，以观察本县各地方可用之人才。

第四步　拟定全县整个的分期实施建设工作计划表。此项分期计划表之完全决定，或须在全县人口调查完毕之后，但着手编制，则不妨提前。

第五步　三级学校之组织，可在人口调查进行期间，同时筹备；但须决定主旨，由简及繁，由近及远，不必限定同时兼备。

五　建设工作实施要义

全部计划既具，而施行之际，仍须认定次列各要义，以为准则：

（一）取广义的教育方法，以为县政建设的出发点。

（二）视全县为一个学校，所有县民，皆是教育对象；所有县政，皆是教育资料；所有兴作，皆是学业实习；所有活动，皆为师生所合作。

（三）以选任人才，训练人才，为工作施行的先决问题。

（四）凡兴办一事，必先具有整个的计划，而后施行，万不可想到何处，即做到何处。

（五）凡有兴作，必适应人民所需要，其非需要者可缓办。

（六）凡兴办一事，为人民所不易了解者，必多方宣传解说，必待其涣然冰释，而复再举行。

（七）虽属为民兴利之事，但目前为人民财力所不能胜者，务必从缓。

（八）凡训练人民，必以不妨害人民固有职业为原则。

（九）应随时随地，表示以本县人民为主体之意；无论何事，务以启发人民自动辅导人民自治为原则。

（十）初开办时，工作人员数，万不可多，必待事业发展，再行逐渐增加。最好随时训练，随时添用，并且所添用者，必为本县人，万不得已，亦必为邻县的本省人。

（十一）凡在公人员俸额，比较邻县，万不可高；如能稍减则更好。